DIE HORDE MENSCH

Peter Marsh
Desmond Morris
DIE HORDE MENSCH

Individuum und Gruppenverhalten

WILHELM HEYNE VERLAG
MÜNCHEN

Titel der englischen Originalausgabe: »Tribes«
Ins Deutsche übertragen von Dr. Holger Fliessbach

Produced by the Justin Knowles Publishing Group,
9 Colleton Crescent, Exeter, Devon, England
Vorwort © 1988 by Desmond Morris
Text © 1988 by Peter Marsh
Copyright © 1989 der deutschen Ausgabe
by Wilhelm Heyne Verlag GmbH & Co. KG, München
Umschlaggestaltung: Atelier Ingrid Schütz
unter Verwendung je eines Fotos von
Impact Photos (Ascot: Hüte), The Hutchison
Library/Jesco von Puttkamer (Amazonas-Kinder)
und Frank Spooner Pictures (San Bernardino: Zuschauer)
Fotosatz: Schaber, Wels
Buchgestaltung: Ron Pickless
Bildredaktion: Suzanne Williams
Printed and bound in Italy

ISBN 3-453-03220-9

INHALT

VORWORT

Der Mensch ist ein Stammeswesen: Diese Tatsache müssen wir uns stets vor Augen halten, wenn wir einen der wichtigsten Wesenszüge des Menschen verstehen wollen. Sie zu ignorieren oder zu leugnen — wie es viele Priester und Politiker tun — heißt Unheil heraufbeschwören. Das Stammesverhalten des Menschen prägt so gut wie jeden Aspekt unseres Gemeinschaftslebens. Es ist von so grundlegender Bedeutung für uns, daß ein Verlust dessen vermutlich hieße, daß wir uns zu einer neuen, anderen Spezies entwickeln.

Unser Stammesverhalten begann vor Millionen von Jahren bei unseren äffischen Vorfahren. Alle Zeugnisse sprechen dafür, daß sie nicht nur paarweise zusammenlebten, wie etwa Nestvögel, sondern in halbnomadischen Gruppen umherstreiften. Bei Einbruch der Dunkelheit legten sie sich gemeinsam schlafen; bei Tagesanbruch zogen sie gemeinsam los, um Nahrung zu beschaffen. In der Mittagshitze ruhten die erwachsenen Tiere aus und säuberten einander das Fell, während die Kleinen spielten. Arbeitsteilung gab es so gut wie gar nicht, jedes erwachsene Tier suchte sich seine Nahrung selbst, ohne Hilfe von seiten der anderen. Das änderte sich nur angesichts der Bedrohung durch ein Raubtier: Dann taten sich die stärksten Männchen der Gruppe zusammen und versuchten gemeinsam, den Angreifer einzuschüchtern und zu vertreiben. In diesem Verhalten liegt unseres Erachtens der Keim der späteren Entwicklung zum Stammesverhalten.

Diese Affengruppen waren nach herrschender Überzeugung reine Pflanzenfresser. In der Tat lebten sie hauptsächlich von Früchten, Nüssen, Beeren und Wurzeln, doch fraßen sie auch alle Kleintiere, deren sie habhaft werden konnten. Große Insekten, junge Säugetiere, kleine Vögel, Eidechsen und Eier waren eine stets willkommene Bereicherung des vegetarischen Speisezettels und lieferten wertvolle Proteine, Mineralstoffe und Vitamine. Bisweilen mochte es einem der stärkeren Männchen gelingen, ein größeres Säugetier, z. B. ein Rehkitz, zu fangen und zu töten. Aus modernen Untersuchungen an freilebenden Pavianen und Schimpansen wissen wir, daß in einem solchen Fall ein ganz neues Ernährungsmuster entsteht: Die Nahrung wird geteilt. Für Affen war dies stets ein untergeordneter Aspekt in ihrem normalen Sozialleben. Es war und ist noch heute eine große Seltenheit, aber daß es überhaupt vorkommt, ist höchst bedeutsam; markiert es doch den Ursprung eines Merkmals, das für das menschliche Wesen kennzeichnender ist als jedes andere — bewußte, gezielte Zusammenarbeit.

Als die Ernährung von Fleisch im Leben unserer frühen Vorfahren an Bedeutung gewann, hatte das weitreichende Folgen für unsere soziale Organisation. Um sich an immer größeren Beutetieren gütlich tun zu können, mußten sich die stärksten Männchen zusammenschließen und zu organisierten Jagdausflügen aufbrechen. Nur indem sie einander gezielt und überlegt halfen, waren sie in der Lage, auch größere Tiere zu erlegen und mehr proteinreiches Fleisch »heimzubringen«. Dieser folgenschwere Schritt, der die Entwicklung vom Affen zu unseren jagenden menschlichen Urahnen bewirkte, geschah vor mindestens einer Million Jahren. Und er zog eine ganze Reihe erheblicher Veränderungen nach sich, sowohl was unsere physische Ausstattung anbelangt als auch unsere geistig-seelische.

Die erste dieser Veränderungen betraf unsere Größe. Dadurch, daß wir uns an immer stärkere Beutetiere heranwagten, wurden wir größer und kräftiger. Und entwickelten uns zu Zweibeinern. Viele Leute scheinen zu glauben, dies wäre geschehen, da die Fortbewegung auf zwei Beinen unsere Schnelligkeit bei der Jagd auf Beutetiere erhöhte, doch das ist nicht richtig. In Wirklichkeit wurden wir dadurch sogar etwas langsamer. Trotzdem brachte uns diese Umstellung enorme Vorteile. Wir konnten über das hohe Gras der Steppen, in denen wir jagten, hinwegsehen, konnten ferner — und das war noch viel wichtiger — Waffen tragen und nach erfolgreicher Jagd die Beute nach Hause transportieren. Die Gewohnheit, die Beute an einen sicheren Ort zu schaffen, um sie dort mit Frauen und Kindern zu teilen, war ein weiterer wesentlicher Schritt auf dem Weg zum modernen Menschen.

Um die Nahrung nach Hause tragen zu können, mußte es natürlich erst einmal ein solches »Zuhause« geben — und das war für unsere Vorfahren ebenfalls etwas ganz Neuartiges. Denn es hieß, daß sie ihre nomadische Lebensweise aufgeben und sich an einem festen Ort niederlassen mußten. Dort waren die schwangeren und stillenden Frauen, die älteren Gruppenmitglieder und die Kleinen relativ sicher aufgehoben, wenn die Horde der erwachsenen Männer auf langwierige Jagden auszog, um große Beutetiere aufzustöbern, in Fallen zu fangen und zu töten. Diese bedeutsame Arbeitsteilung — die Frauen ziehen die Kinder auf und suchen in der übrigen Zeit nach Früchten und Wurzeln, wie ihre Ahnen bei den Affen, während die Männer in Jagdtrupps das Land durchstreifen — dürfte wenigstens zum Teil mit dazu geführt haben, daß sich in der Frühzeit der Menschheit zwischen den Männern und Frauen leichte Unterschiede in bezug auf Temperament und Persönlichkeit herausbildeten. Die Männer hatten ein viel stärkeres Verlangen, einer aktiven, risikofreudigen »Rotte« anzugehören, während die Frauen in ihrem Dorf zwar sehr die Geselligkeit liebten, aber kein so ausgeprägtes Gefühl der Gruppenzugehörigkeit entwickelten.

Dies Zusammenrotten der erwachsenen Männer unter sich kam der Bildung eines kleinen Stammes im großen gleich. Die gesamte Gruppe — Männer, Frauen, Kinder — bildete den Hauptstamm, den sozialen Verband. Jeder kannte seinen Platz in der Gemeinschaft und kannte alle anderen namentlich und vom Aussehen! Daneben gab es aber noch die rein männliche Stammesgruppe mit ihren eigenen, besonderen Regeln und ihrer strafferen Struktur. Für diese Männer war es ganz wesentlich, daß sie einander voll vertrauen und sich aufeinander verlassen konnten. Ein einziger Fehler, eine einzige Gedankenlosigkeit, begangen von einem Mitglied der männlichen Horde, konnte das ganze Jagdkonzept verderben, das Leben der Kameraden gefährden und den ganzen Stamm zum Hungern verurteilen. Unter diesem Druck mußten die Männer schnell neue Verhaltensformen entwickeln, um zu gewährleisten, daß diese »tapfere neue Welt« des Verfolgens und Tötens zweckmäßig durchgeplant war und daß die Beutezüge entsprechend durchgeführt wurden. Nicht selten hing das Leben des ganzen Stammes davon ab, und die natürliche Zuchtwahl eliminierte jede frühmenschliche Gruppe, die bei der Jagd versagte.

So war die Lage der Dinge ungefähr 50 000 Generationen lang. Dann trat eine neue dramatische menschliche Entwicklungsphase ein: Wir bezeichnen sie gewöhnlich als »Landwirtschaftliche Revolution«, und diese liegt erst rund 500 Generationen zurück. Es begann mit einer neuen Ernährungsform — der Vorratshaltung. Als unsere neue Lebensweise so erfolgreich zu werden begann, daß wir oft über einen Überschuß an Nahrungsmitteln verfügten, mußten wir uns etwas einfallen lassen, um diese Vorräte zu speichern, um lange Wintermonate oder magere Zeiten zu überstehen. Mit der Vorratshaltung kamen der Ackerbau und die Verbesserung der Feldfrüchte. Wir begannen die natürlichen Nahrungsmittel zu verändern und deren Ernte zu erleichtern. Die wilden Tiere, die sich über dieses für sie neue, bequemere Fressen hermachen wollten, wurden eingefangen und domestiziert. Die Folge war, daß die Jagd überflüssig wurde. Die effizientere Methode, Tiere, die zur Ernährung dienten, zu züchten und erst zu schlachten, wenn man sie brauchte, setzte sich erst vor rund 10 000 Jahren durch. Lebensmittel waren nun bequem verfügbar, und der Mensch lernte ein ganz neues Gut kennen: die Muße. Das Frappierende ist, daß der Mensch von Anfang an, seit Beginn der Jungsteinzeit, von dieser neu gewonnenen Muße eigentlich nur einen besonderen Gebrauch machte: Er widmete sie der Jagd. Die praktische Notwendigkeit der Jagd, die Nahrungsbeschaffung, war zwar entfallen, aber ein psychologisches Bedürfnis war geblieben. Kurzum, die erwachsenen Männer mochten das Jagen nicht lassen, und so erfanden sie den Jagdsport.

Dem Jagdsport widmeten unsere Altvordern ein erstaunliches Maß an Zeit und Energie. Während die Ausbreitung des Ackerbaus zur Verbesserung unserer Gesellschaften beitrug, diente die freie Zeit zu kaum etwas anderem als dem symbolischen Nachvollzug unseres einstigen Jägerdaseins. Die Beute war jetzt häufig ungenießbar, aber das spielte keine Rolle. Auf das Verfolgen und Nachsetzen kam es an. Die Männer brauchten diesen Kitzel. Der Jagdtrieb war in ihrem innersten Wesen verankert.

Viel später, als Städte zu entstehen begannen, sahen sich die männlichen Stadtbewohner in einer Zwickmühle. In großer Zahl zusammengepfercht, konnten sie nirgends jagen. Ihre Vettern auf dem Lande hatten es da besser; sie konnten weiterhin der Jagd frönen und (häufig zu Pferd) durch Feld und Wald preschen (was sie ja in vielen ländlichen Gegenden der Erde noch heute tun). Die Städter brauchten dafür irgendeinen Ersatz. Die Lösung des Problems war die Arena. In sämtlichen Städten der Antike entstanden riesige Stadien, in denen man mit wilden Tieren kämpfen und sie töten konnte — eine neue Art von »Renommierjagd« ohne Verfolgung war geboren. Vom Colosseum im alten Rom bis zu den Stierkampfarenen im heutigen Spanien schuf diese korrumpierte Form der Jagd neue Heroen und lockte die Stammesgenossen in gewaltiger Zahl an, begierig, an der Gruppenjagd teilzunehmen, auch wenn sie nur ein schäbiger Abklatsch des einst so stolzen, lebenswichtigen Originals war.

Nach und nach ist diese blutrünstige Form der rituellen Jagd dann zwei neuen Formen der Jagd gewichen: einer physischen und einer geistigen. Die physische Version ist das, was wir heute Sport nennen. Alle Formen des Sports sind ritualisiertes Zielen oder ritualisiertes Verfolgen — oder beides. Der Sport greift diese Elemente der Jagd auf und lenkt sie auf eine symbolische Beute — die Zielscheibe ersetzt das Tier. Und es fehlt auch nicht an Stammesgenossen, die sich in diesem Nervenkitzel baden. Wie ihre Gefährten in der Vorzeit hängen sie mit leidenschaftlicher Loyalität an ihren Idolen, unterscheiden sich durch Zierat und Körperschmuck voneinander und tragen auch sonst alle Kennzeichen einer Jagdmeute. Sie diskutieren endlos und in allen Einzelheiten über ihre Heldentaten, wie sie es immer getan haben. Die Sportler und ihre Anhänger sind heute das genaue Abbild der uralten Stammesjäger.

Vielleicht noch wichtiger sind die »geistigen Jäger«. Sie haben auf die physischen Aspekte der Jagd verzichtet und sie in eine rein symbolische Tätigkeit umgeschmolzen. Die Geschäftsleute jagen einem Vertragsabschluß nach, die Gelehrten einer neuen Theorie, die Ingenieure einer neuen Erfindung, die Literaten einem neuen Meisterwerk. Jeder folgt auf seine Weise den uralten Imperativen; nur das Wesen des Ziels hat sich verändert. Auch diese neuen Stammesgenossen reden über ihre »Ziele«, aber ihre Ziele sind jetzt ihre Ambitionen. Abstrakte Ziele haben wirkliche ersetzt, so wie einst, als mit der Fortentwicklung des menschlichen Stammesangehörigen echte Zielscheiben das Beutetier ersetzten.

Doch mit dem Hordentrieb ist es so eine Sache. Das Stammesempfinden an sich ist neutral, es kann zum Guten wie zum Schlechten gebraucht werden, konstruktiv wie destruktiv. Wenn man ihm nur halbwegs die Chance läßt, wird es zum Guten gebraucht werden, aber falls die Hordentriebe einer bestimmten Gruppe frustriert werden, suchen sie sich ein anderes und höchstwahrscheinlich schädliches Ventil. Unterdrückt werden können sie nicht; dazu sind sie zu tief im Menschen verwurzelt, und wenn die Obrigkeit einer Gesellschaft einen sinnvollen Ausdruck von Gruppeninteressen nicht gestattet, werden die jungen Männer nicht einfach klein beigeben, sondern eher Subkultur-Gruppen bilden und ihre Wut an der Kultur auslassen, die ihnen ihr angestammtes kulturbedingtes Erbe einschränken oder gar nehmen will.

Etwas derartiges findet immer dann statt, wenn sich Banden Jugendlicher unterschiedlicher Herkunft oder Interessen zusammenrotten. Sie bilden Banden von Schlägern, Raufbolden und Radaubrüdern und lassen ihr ganzes frustriertes Stammesempfinden an der Polizei, dem Militär oder irgendeiner anderen Instanz der konformistischen Autorität aus. Der Nervenkitzel ist dabei derselbe wie bei der Jagd — die Strategien und Pläne, die Vorbereitung und Taktik, die Risiken und haarsträubenden Gefahren, die gelungenen Streiche und das endlose Schwadronieren über sie. Die ganze Stammesszene ersteht aus dem Nichts — oder besser gesagt aus dem Tohuwabohu ihres bedrängten Lebens.

Und so sind letzten Endes die »Stammesspiele und -fehden« überall gleich, egal, ob die betreffenden Gruppen den Segen des Establishments haben oder nicht, ob es Fuchsjäger sind oder Fußballrowdies, Truppenkommandos oder Kriminelle, Gewerkschaftler oder Terroristen, Pfadfinder oder Hell's Angels. Im Grunde folgen alle denselben Regeln: Sie hassen die, die gegen sie sind und umjubeln die, die für sie sind, ohne daß wir uns oft klarmachen, wie sehr diese verschiedenen Stämme, was Struktur, Rollenverhalten und Imponiergehabe angeht, einander gleichen.

Modernes Hordenverhalten begegnet uns auf Schritt und Tritt: in Ausschüssen, Jurys, Mannschaften, Geschwadern; in Stadträten, Regierungen, Aufsichtsräten, Clubs; in Geheimgesellschaften, Protestgruppen, Clans, Instituten; in Kindergruppen und Fan-Clubs. Ohne die abenteuerlustige, risikofreudige, aktive Zusammenarbeit und die straffe Organisation in diesen Gruppen hätten wir unsere Zivilisationen nicht aufbauen können und wären nicht zum Mond gelangt. Andererseits wäre uns ohne diese Dinge nicht nur der Krieg erspart geblieben — dieses traurige, blutige Zerrbild unserer Stammesbedürfnisse und Gruppenloyalitäten —, sondern auch alle anderen Formen aggressiver Störung, angefangen bei den schlimmsten Formen des Terrorismus bis hin zur harmlosesten Demonstration. Doch trotz aller negativen Aspekte von Hordenverhalten bleibt eben dieses einer unserer wichtigsten Trümpfe, und wenn wir die positiven Auswirkungen der motivierenden Kräfte des Stammesimperativs genießen wollen, müssen wir auch bereit sein, das ständig gegebene Risiko einer Katastrophe einzugehen. Ohne diesen Stammesimperativ können wir als menschliche Rasse nicht überleben, und so sollten wir lernen, damit umzugehen und sein unglaubliches Potential auszuschöpfen — ein Potential, das uns in zehn Jahrtausenden von der Steinzeit ins Zeitalter der Raumfahrt katapultiert hat.

Desmond Morris

EINLEITUNG

Die Ursprünge des Stammes wurzeln in der Frühphase der menschlichen Geschichte. Die Strukturen einer planmäßig betriebenen Landwirtschaft, aus denen die modernen Nationen und Staaten erst hervorgingen, sind nur 10 000 Jahre alt — kaum einen Pendelschlag an der Uhr der Evolution. Das Auftreten des Menschen als Wildbeuter (Jäger und Sammler) hingegen, jenes einzigartige soziale Verhaltensmuster, das alsbald zu Stammesleben führte, geschah vor rund 5 Millionen Jahren.

Der Hauptunterschied zwischen den frühesten Hominiden und ihren Primaten-Vorfahren war der, daß die Hominiden Fleisch aßen. Im Laufe der Zeit beschafften sie sich ihr Fleisch mehr und mehr durch Jagen als durch das Verwerten vorgefundener Beute und Beutereste. Als der Ehrgeiz des früheren Jägers größer und seine typische Beute schwerer wurde, bildete sich das Muster kooperativen Verhaltens in kleinen Gruppen heraus: Eine Horde von sechs bis acht Männern konnte gemeinsam viel erfolgreicher Fallen stellen und töten, als es dieselbe Anzahl von Jägern vermocht hätte, wenn jeder für sich auf Jagd gegangen wäre.

Die Jagdhorde war eine effiziente überlebensnotwendige Anpassung in der Entwicklung einer Spezies, die sich teilweise von Fleisch ernährte. Eine Horde von sechs bis acht jagenden Männern bedeutete, daß eine typische »Gruppe«, einschließlich Frauen und Kindern, aus rund 25 Mitgliedern bestand. Eine solche Einheit war zwar zum Jagen geeignet, aber zu klein für eine sozial stabile Fortpflanzungsgemeinschaft. Schon wenn es darum ging, die Geburtenrate von Knaben und Mädchen in ein Gleichgewicht zu bringen — was unabdingbar war, wenn der Verband von der Tätigkeit männlicher Jäger abhängig war —, bedurfte man einer größeren Gemeinschaft. Die ideale Größe einer solchen Gesellschaft scheint sich bei 500 Männern, Frauen und Kindern eingependelt zu haben. Und so entstand der Stamm, der in der Regel aus 20 Jagdscharen zu je sechs Familien bestand.

An den Stämmen, die noch heute in verschiedenen Teilen der Welt existieren (und oft fälschlicherweise als »primitive« Völker bezeichnet werden), läßt sich einiges von jenen komplexen sozialen Strukturen und Mustern traditionellen Verhaltens ablesen, die die Lebensweise im Stamm hervorbrachte. So setzen die !Kung-Buschmänner der Kalahari die Traditionen früherer Jahrtausende in ihrem halbnomadischen Lebensstil fort, der sich nach wie vor um das Jagen wilder Tiere und das Sammeln von Pflanzen dreht. Wenn der Pflanzenvorrat in einer Gegend zur Neige geht oder das Wild selten wird, ziehen die Scharen weiter. Solche Stämme führen uns die Ursprünge der Grundmuster menschlichen Verhaltens vor Augen — Territorialität, Heirat und Verwandtschaft, adaptive Tabus, Stile sozialer Interaktion — ähnlich wie sich unsere evolutionäre Vergangenheit an den Fossilien von Fischen, Reptilien und Vögeln ablesen läßt.

Die traditionellen Stämme nehmen auf unserem Planeten jedoch rasch ab. Die »Zivilisation« führt mit erbarmungsloser Gründlichkeit einen völkermordartigen Krieg gegen die Stammeskulturen. Stämme, die uns noch erhalten geblieben sind, werden oft in Reservate gepfercht, wo sie so unnatürliche Lebensgrundlagen vorfinden, daß die Stammespopulation immer weiter zusammenschmilzt und ihr Aussterben schließlich unabwendbar ist. Oder die Stämme lassen sich von den trügerischen Versprechungen der modernen technologischen Gesellschaften von ihrem traditionellen Lebensstil abbringen.

Doch während die »primitive« Lebensweise untergeht, lebt der Tribalismus als solcher weiter. Je größer und heterogener die modernen Gesellschaften werden, desto mehr neigen die Menschen dazu, neue Stämme zu bilden: sich naturbedingte Verbände zu schaffen, in denen noch ein Gefühl der »Zusammengehörigkeit« möglich ist.

Nicht die jagenden Vorfahren des Menschen waren, wie manche argwöhnen, daran schuld, daß aus dem *homo sapiens* der mutwillige Killer seiner Artgenossen wurde: Den haben wir der »Zivilisation« zu verdanken. Die Jagd brachte vielmehr die Notwendigkeit kollektiver Zusammenarbeit und persönlicher Bindungen mit sich, die eingebettet waren in die Traditionen und Sitten der Stammeskultur. Zu diesen fundamentalen sozialen Verhaltensmustern kehren die Menschen in aller Welt zurück — als Reaktion auf die Widersprüche und Belastungen einer enthumanisierten Umwelt. In den modernen Stämmen — den stammesähnlichen Gruppierungen des 20. Jahrhunderts — entdecken wir das wahre Erbe unseres menschlichen Wesens wieder.

Peter Marsh

1 | STAMMESBINDUNGEN

DAS WORT »STAMM« BESCHWÖRT bei den meisten Menschen Bilder einer »primitiven« Gesellschaft mit halbnackten Kriegern und geheimnisvollen Zeremonien herauf. Oder wir denken an die nordamerikanischen Indianer, deren Geschichte die Hollywood-Filme so fatal verfälscht dargestellt haben. Stammessysteme sind für die meisten von uns ein Frühstadium in der Evolution der menschlichen Rasse — etwas, das mit der Heraufkunft der »Zivilisation« überwunden wurde. Diejenigen Gesellschaften, die noch stammesmäßig organisiert sind, werden als interessantes Studienmaterial für anthropologische Forschungen angesehen; nur die wenigsten Leute kommen auf die Idee, daß solche Gesellschaften wichtige Modellcharaktere für menschliche Verhaltensmuster im 20. (und auch im 21.) Jahrhundert abgeben könnten.

Dabei war das Stammeswesen niemals ganz verschwunden, so sehr sich die Gesellschaften, in denen wir leben, auch von denen unserer wildbeutenden Vorfahren entfernt haben mögen. Da wir im Grunde unseres Wesens geselliger Natur sind, haben wir den Drang, uns auf diese oder jene Weise mit anderen Menschen zu vereinen. Wir sind Amerikaner, Engländer, Deutsche oder Australier, aber die Identifikation mit Menschen gleicher Nationalität reicht uns nicht aus: Sie ist zu abstrakt, und es fehlt das Gefühl echter Zusammengehörigkeit, das sich nur im Rahmen kleinerer Gruppen einstellt. Und so schaffen wir uns, während unsere Nationen immer riesiger und heterogener werden, soziale Verbände von menschlicherer, weil überschaubarerer Größe. Selbst in der anonymen Gesellschaft unserer großstädtischen Ballungsräume vereinigen sich Menschen zu modernen Stämmen, die alle wesentlichen Merkmale ihrer Urformen aufweisen.

Nach anthropologischer Definition ist ein Stamm ein Zusammenschluß mehrerer Menschengruppen, denen bestimmte Sprachmuster sowie elementare kulturelle Merkmale gemeinsam sind und die, nach herkömmlichem Verständnis, ein bestimmtes Territorium bewohnen. Das wichtigste Merkmal ist jedoch, daß die Angehörigen eines Stammes überzeugt sind, miteinander mehr gemein zu haben als mit benachbarten Gruppen. Dieses Gemeinschaftsgefühl bindet die Stammesangehörigen aneinander und trennt sie von Nicht-Stammesangehörigen.

Viele traditionelle Stämme kennen keine zentralisierte Herrschaft. Die erwachsenen Stammesangehörigen (häufig sogar nur die Männer) treffen gemeinsam die notwendigen Entscheidungen, und alle haben in etwa denselben Status. Solche Stämme nennt man auch »akephale« Gesellschaften, was heißen soll, daß es keinen Kopf oder Führer an ihrer Spitze gibt. Die politische Organisation basiert oft auf Verwandtschaftsgeflechten und Bündnissen zwischen erweiterten Familien- oder Sippenverbänden. Selbst dort, wo es klare Statusunterschiede gibt, etwa zwischen Männern und Frauen oder zwischen Jugendlichen und Erwachsenen, herrscht innerhalb der jeweiligen Alters- oder Geschlechtsgruppe zumindest tendenziell ein ausgeprägtes Gefühl der Gleichberechtigung. Das Bilderbuchbeispiel einer akephalen Stammesgesellschaft sind die Yako in Nigeria. Jedes Yako-Dorf ist autonom und zudem noch in einzelne »Viertel« untergliedert. Von jedem erwachsenen Mann wird erwartet, daß er an der Verwaltung des Gemeinwesens mitwirkt; Macht und Herrschaft werden nach verwandtschaftlicher Herkunft und Altersgruppierungen verteilt.

Dagegen ist in Häuptlingsgesellschaften die Herrschaft klarer zentralisiert, um den Zusammenhalt der verschiedenen Gemeinschaften, aus denen sich die Stammesgesellschaft zusammensetzt, zu sichern und zu fördern. Die soziale Schichtung ist für gewöhnlich ausgeprägter als in akephalen Gesellschaften, und Verwandtschaft und Mischehe spielen eine größere Rolle in der politischen Rangfolge. Aber selbst in solchen Kulturen gibt es eine viel geringere Rollenspezialisierung als in modernen Gesellschaften. Die Bedeutung von Stand und Privileg ist unverkennbar, aber es herrscht ein viel größeres Zusammengehörigkeitsgefühl bei allen Stammesmitgliedern und das deutliche Gefühl des In-einem-Boot-Sitzens.

Das Stammessystem, ob akephal oder nicht, bietet einen Rahmen, der jedem einzelnen eine klare Vorstellung von seiner eigenen sozialen Identität gibt. Das heißt, daß man sich gesellschaftlich einzuordnen weiß und seine soziale Stellung gegenüber anderen kennt. Es gibt ein menschliches Grundbedürfnis, mit einer deutlich erkennbaren Gruppe anderer Menschen bestimmte Gewohnheiten, Werte, Einstellungen und Verhaltensstile zu teilen — und ein dementsprechendes Verlangen, uns von andersgearteten Gruppen zu unterscheiden. In traditionellen Gesellschaften ist diese Art von sozialer Identität zwangsläufig gegeben. Stammesbräuche, Folklore, Rituale und Zeremonien, die den Übergang von einer Rolle zur anderen markieren, stellen sicher, daß jeder Stammesangehörige sich unauflöslich an die Kultur gebunden fühlt, in die er hineingeboren wurde. Innerhalb dieses sozialen Gefüges wird zwar ein hohes Maß an Konformität erwartet, doch besteht auch die Chance echter Unabhängigkeit. Anders ausgedrückt: In allen Kulturen wird man erst dann zum Individuum im wahrsten Sinne des Wortes, wenn man zuvor »einer der ihren« geworden ist.

Rockkonzerte geben einzelnen oft Gelegenheit, sich als Teil eines bestimmten Kollektivs — mit gleichen Gefühlsregungen und Verhaltensmustern — zu empfinden. Typisches »Stammesverhalten« beim Konzert der Gruppe »Sham 69« *(oben)*. Die jungen Börsianer in der Londoner City *(ganz oben)*, die Geld-»Jäger« der modernen Gesellschaft, erweisen sich in bezug auf Bindung und Verhalten ebenfalls als Stamm.

Altersgruppen

Der sichtbarste Ausdruck von Tribalismus in unserer modernen Gesellschaft sind zwar die sich deutlich unterscheidenden gesellschaftlichen Gruppen und Subkulturen mit ih-

Oben
»Wie die Alten sungen …« Das Hinein-
wachsen in einen modernen Stamm ist
ein allmählicher Übergang, der sich im
ganzen Stil und Verhalten ausdrückt. Unser
Bild zeigt eine Jagdgesellschaft in York-
shire: Der Junge kleidet sich nicht
nur wie die Alten, er übernimmt auch
ihre Haltung.

Links
Typischer Schauplatz für den männlichen
Stammesverbund in südlichen Ländern ist
das Straßencafé. Hier sitzt eine Gruppe
von Türken beisammen, um Wasser-
pfeife zu rauchen und »Männergespräche«
zu führen.

Gegenüber
Entgegen der Ansicht einiger männlicher
Anthropologen ist der Kollektivverband
keine Domäne des Mannes: Samburu-
Mädchen in Kenia festigen beim Rundge-
sang um das Feuer in der Hütte die
Bande untereinander.

Oben

Das japanische Managementtraining orientiert sich völlig an Stammesgesichtspunkten, wie hier in der Fuji-Schule. Die Lehrgangsteilnehmer machen eine Initiationszeremonie durch: Sie knien in langen Reihen nebeneinander; an ihrem Kittel sind 17 »Schandbändchen« befestigt — je eines für eine Disziplin, die der Teilnehmer bewältigen muß, um weiterzukommen. Die Demütigung des Initianden verlangt von ihm auch die Erfüllung untergeordneter und sinnloser Aufgaben wie das Abpflücken von Grashalmen. Der ganze ritualisierte Schulungsprozeß zielt darauf ab, Ansätze zur Individualität im Keime zu ersticken und Treue und Gehorsam gegenüber der Firma einzuüben.

Rechts

Schüler der Totem Pole School in Japan. Der Schulleiter Isao Kawashima arbeitet nach dem pädagogischen Prinzip des sogenannten »Ursystems«. Die Knaben (Mädchen gibt es an dieser Schule nicht) lassen ihr Alltagsleben und ihre Individualität hinter sich, wenn sie in der Umkleidekabine den Lendenschurz anlegen. Neben den üblichen Fächern sieht der Lehrplan anstrengende Leibesübungen und sonstige Abhärtungen vor, die die Schüler ihrem gemeinsamen hochgesteckten Ziel näherbringen sollen.

Japanische Arbeiter der Matsushita
Electric Company beim Absingen der
Firmenhymne.

ren ganz typischen Verhaltensmustern, doch haben unsere großen Kulturen auch insgesamt bestimmte wichtige Merkmale mit traditionellen Gesellschaften gemein. Eines davon, das in gewissen Grenzen identitätsstiftend wirkt, ist die sogenannte Altersgruppierung.

In jeder Gesellschaft, ob traditionell oder modern, dient das Lebensalter als Indikator dafür, welches Rollenverhalten von einem Menschen erwartet wird. So beschränken wir in westlichen Kulturen den Konsum alkoholischer Getränke auf Personen ab einem bestimmten Alter. Volljährig zu werden bedeutet nach dem Gesetz zunächst einmal nur das Erreichen eines gegebenen altersbedingten Status. Danach nehmen wir verschiedene andere altersbezogene Statuspositionen ein — sind mittleren Alters, älter, Ruheständler usw. In jeder dieser Phasen gehen wir leichter Beziehungen und Bindungen mit Personen unserer eigenen Altersgruppe ein als mit Angehörigen anderer Altersstufen. Teenager tun sich mit Teenagern zusammen; ältere Leute finden neue Möglichkeiten sozialen Kontakts in den für sie geschaffenen Clubs und Einrichtungen.

Innerhalb der einzelnen Altersgruppen werden weitere identitätsbezogene Unterscheidungen getroffen. In Schulklassen, deren Zusammensetzung hauptsächlich nach Altersgesichtspunkten vorgenommen wird, entstehen nicht nur dauerhafte soziale Bindungen, sondern auch komplizierte Altershierarchien. An englischen Universitäten werden die Studenten nach dem Jahr ihrer voraussichtlichen Graduierung eingeteilt (»Jahrgang 1988«). Dieses Etikett haftet ihnen noch lange danach an und führt viele Jahre später zu Jubiläumsfeiern, bei denen Menschen zusammenkommen, die sich auf besondere Weise miteinander verbunden fühlen.

In traditionellen Gesellschaften ist die Rolle der Altersgruppen noch entscheidender. So bestimmt sich beispielsweise bei den Nuer in Ostafrika die relative Position eines

Mannes allein nach der Altersgruppe, der er angehört. Der Nuer-Mann bleibt sein ganzes Leben lang Mitglied jener Gruppe von Männern, mit denen er in den Stamm initiiert worden ist. Er bleibt stets jenen Männern untergeordnet, die vor ihm zu erwachsenen Angehörigen der Gesellschaft geworden sind, und wird immer jenen übergeordnet sein, die nach ihm kommen. Er wird niemals sexuelle Beziehungen mit der Tochter eines Altersgenossen haben können, da sie zugleich auch seine eigene »Tochter« ist. Seine Aufgaben gegenüber Gleichaltrigen sind klar definiert, ebenso seine Verpflichtungen gegenüber den Älteren, und man erwartet von ihm, daß er diese sein Leben lang erfüllt.

Das System der Altersgruppen hat weitreichende Auswirkungen. Es schafft, unabhängig von den familiären Bindungen, ein ganz eigenes Netz von Treueverpflichtungen, dient dazu, Herrschaft und Arbeit auf eine bestimmte Weise aufzuteilen, und weist Jungen wie Alten klar definierte Rollen zu, den Fähigkeiten des jeweiligen Lebensalters entsprechend. Es bewirkt, daß die jungen Männer in wichtigen Dingen, wie etwa der Verteidigung ihres Landes, zusammenarbeiten, die wichtigen Entscheidungen hingegen zum größten Teil den Älteren überlassen bleiben, denen ihre physischen Kräfte eine solche aktive Rolle in der Gesellschaft nicht mehr erlauben. Vor allem aber sorgt dieses System für die Entstehung von »Gemeinschaften« für die Menschen jeden Alters.

Freiwillige Gruppierungen

Altersgruppierungen kommen ihrem Wesen nach natürlich unfreiwillig zustande. Wir können uns den Tag unserer Geburt nicht aussuchen, und daher sind unsere Bindungen an Menschen gleichen Alters willkürlicher Natur. Viele traditionelle Gemeinschaften

Der uniformierende Kleiderzwang beim Wiener Opernball.

bieten keine Alternative zu einer derartigen Gesellschaftsordnung: die Größe der Stämme ist jedoch oft so überschaubar, daß jeder das Gefühl haben kann, ein aktives Mitglied der Gesamtkultur zu sein und seine soziale Identität nicht auf andere Weise ausbilden zu müssen. Doch gibt oder gab es auch Ausnahmen. So etwa in den Kulturen der nordamerikanischen Indianer mit mehreren sich deutlich voneinander unterscheidenden Kriegergruppen. Die Cheyenne zum Beispiel kannten fünf solche Organisationen; jede hatte einen eigenen Anführer, besondere Kleidung und Rituale, und die Treueverpflichtungen zur Organisation waren unabhängig von verwandtschaftlichen und Altersgruppen-Bindungen. In einigen kleineren Kulturen Südamerikas und Liberias finden sich noch heute Geheimgesellschaften und religiöse Kulte mit ähnlichen Merkmalen wie bei den Indianern Nordamerikas.

Doch sind es vor allem die größeren Völker, in denen die Nationalität nicht mehr ausreicht, um ein starkes persönliches Engagement beim einzelnen zu bewirken, und wo freiwillige Zusammenschlüsse das Bedürfnis nach überschaubaren sozialen Einheiten befriedigen. Die zunehmende Urbanisierung und Industrialisierung unserer Welt seit der Jahrhundertwende hat höchst unpersönliche Umwelten entstehen lassen, in denen ein Gefühl von Nachbarschaftlichkeit kaum gedeihen kann. Der natürliche Drang des Menschen nach Anschluß an andere hat darauf mit der Bildung freiwilliger Zusammenschlüsse reagiert. Diese treten weithin an die Stelle der auf Verwandtschafts- und Sippenloyalität basierenden multifunktionalen Gruppierungen, die noch häufig unter ländlichen Bedingungen und in nicht sehr stark industrialisierten Gegenden anzutreffen sind.

Welche Rolle solche Zusammenschlüsse spielen, läßt sich sehr gut in den jüngeren Entwicklungsländern der Dritten Welt studieren. So gründeten beispielsweise in Lima, der Hauptstadt Perus, die armen Zuwanderer aus den kargen ländlichen Gebieten straff organisierte, landsmannschaftlich ausgerichtete Vereinigungen. Diese dienten dazu, Neuankömmlinge zu unterstützen und aufzufangen, die die Umstellung von einer am Eigenbedarf orientierten Landwirtschaft auf Industriearbeit nicht aus eigener Kraft geschafft hätten. Solche Vereinigungen spielen auch eine lebenswichtige Rolle als *pressure groups*, die von den Arbeitnehmern faire Arbeitsbedingungen und von der Regierung angemessene Geldmittel verlangen.

Auch in Westafrika gibt es viele Beispiele für Stämme, die in den jüngst entwickelten Städten ganz neu entstanden sind. Sie haben die Aufgabe, alte Stammestraditionen, -rituale und -gewohnheiten in einer dafür wenig passend erscheinenden Umgebung zu bewahren. So gesehen, haben Industrialisierung und wirtschaftliche Entwicklung das alte Stammesleben keineswegs zerstört, sondern im Gegenteil die Wiederherstellung traditioneller Gruppen gefördert und neue entstehen lassen.

Für diese Stammesbünde Westafrikas gibt es Parallelen in Nordamerika. Das Rassenbewußtsein der indianischen Bevölkerung ist in den letzten zehn Jahren beträchtlich gewachsen, und es sind viele Verbände entstanden, die die kulturellen Interessen und die Identität dieser Menschen fördern. So weckt die »Crow Indian Tobacco Society« das Gefühl einer mystischen Zusammengehörigkeit unter den Nachfahren dieser einst berühmten und stolzen Kultur. Die Kwakiutl-Indianer Britisch-Kolumbiens halten an ihren geheimen Ritualen fest, obgleich sie in die kanadische Gesellschaft voll integriert sind. Die Pueblo-Indianer haben ihre Katchina-Kulte (geheime Männerbünde), die dazu dienen, die Fortdauer der wichtigsten Stammesrituale zu gewährleisten.

Freilich gelten viele dieser freiwilligen Zusammenschlüsse in modernen Kulturen nicht so sehr der Aufrechterhaltung alter Stammesbräuche und -zugehörigkeiten als vielmehr der Schaffung neuer. Vordergründig mögen sie die verschiedensten Ziele verfolgen, von der Brieftaubenzucht bis zu pseudomilitärischen Kämpfen, doch stiften sie immer soziale Bindungen und entstehen in den meisten Fällen aus Frustration über den unpersönlichen Charakter der modernen Großstadtwelt.

Männer- und Frauenbünde

Im allgemeinen sind Vereinigungen, in denen die gemeinsamen Aktivitäten auf die anerkannten Mitglieder beschränkt sind, traditionellerweise entweder reine Männerbünde oder doch von Männern dominiert. Darin soll sich, wie manche behaupten, der Umstand widerspiegeln, daß es in der Wildbeuterphase unserer kulturellen Evolution — als sich der Stamm als soziale Einheit herausbildete also — die Männer waren, die die engsten Bande untereinander herstellen mußten, weil sie nur so erfolgreicher jagen konnten. Während die Männer — gemeinsam — das Jagen besorgten, übertrug man den Frauen hauptsächlich Rollen, die viel individueller waren. Kinder großziehen und in der näheren Umgebung des Heimes Obst und Gemüse sammeln waren Aufgaben, die auch ohne Zusammenarbeit im Kollektiv erfolgreich bewältigt werden konnten. Die Männer gingen Bindungen ein; die Frauen, so wird behauptet, taten es nicht.

Diese Argumentation hat einiges für sich und vermag zum Teil zu begründen, warum die meisten Kulturen noch immer von Männern dominiert werden. Sie kann auch teilweise erklären, warum so wenige traditionelle Kulturen echte Matriarchate waren. Aber die Frage, ob die männliche Tendenz zur Bindung fest in unserer genetischen Ausstattung verankert oder aber durch die kulturelle Überlieferung gesellschaftlicher Normen auf uns gekommen ist, ist schwieriger zu entscheiden — und braucht vielleicht auch nicht entschieden zu werden. Soviel ist jedenfalls sicher: Zwar wurden die Frauen traditionellerweise zu geschlossenen Verbänden nicht zugelassen und hatten kaum eine Chance, eigene Stammesbindungen einzugehen, doch machen sie das heutzutage wett, indem sie Gruppierungen unterschiedlichster Art bilden, von feministisch orientierten

Typische Muster weiblichen Verbundes finden sich in Jugendbanden der USA. Diese Mädchen dürften in ihrer Bande eine ziemlich stereotype Rolle spielen und für die Herren der Schöpfung nur »Weiberpflichten« erledigen, erleben dabei jedoch auch eine starke Bindung aneinander und an ihr Kollektiv.

politischen Organisationen bis zu den britischen »Women's Institutes« (Einrichtungen für Frauen, die an hauswirtschaftlichen Fragen und sozialen Aktivitäten interessiert sind).

Zu den eigenartigsten weiblichen »Stämmen«, die in den letzten Jahren entstanden sind, gehören die »Greenham Women« in England — eine stabile Gruppe von Frauen, die in einem ständigen Zeltlager vor dem amerikanischen Luftwaffenstützpunkt Greenham Common in Berkshire leben. Ihr Anliegen ist es, den Protest gegen die Aufstellung von atomaren Mittelstreckenraketen wachzuhalten und für den Abzug aller Atomwaffen aus Großbritannien zu demonstrieren. Ob ihre moralischen und politischen Überzeugungen richtig sind oder nicht, steht hier nicht zur Debatte. Was uns interessiert, sind die »Schwesterlichkeit« und die engen Bande der beteiligten Frauen untereinander. Die Frauen von Greenham sind ein gutes Beispiel dafür, daß stammesmäßiger Zusammenschluß keineswegs eine Domäne des Mannes ist.

Viele Leute tun die Frauen von Greenham Common als verstiegene Außenseiterinnen ab — einen Haufen Lesben, die irgendwie ihrem Männerhaß Luft machen müssen. Nun trifft es zwar zu, daß einige Frauen des Greenham-Stammes in der Tat lesbisch sind und manche eine ausgesprochene Antipathie gegen Männer jeder Couleur haben; aber ihre Entschlossenheit und die Kraft, mehr oder weniger ständig in einem kalten und feuchten Zeltlager auszuharren, haben diesen Frauen den zähneknirschenden Respekt auch jener eingetragen, die ihre politischen Auffassungen nicht teilen.

Die »Women's Institutes« sind dagegen viel heterogener in ihrer Zusammensetzung und haben einen ganz anderen Stellenwert in der Gesellschaft; aber die Grundelemente weiblicher Bindung kommen in ihnen genauso klar zum Ausdruck wie bei den Frauen von Greenham. Die »Women's Institutes« befassen sich nach einer weitverbreiteten, auch von vielen Frauen geteilten Ansicht ausschließlich mit »herkömmlichen« weiblichen Aktivitäten: Obst einwecken, Marmelade kochen, Teppiche weben und sonstigen »häuslichen« Betätigungen. Die Wirklichkeit der WI sieht ganz anders aus. Mit 352 000 Mitgliedern (1988) sind sie das einflußreichste Frauenkollektiv in ganz Großbritannien: Nach effizienten, demokratischen Richtlinien geleitet, müßten sie den Neid vieler Männerverbände erregen.

Auf lokaler Ebene bieten die WI gleichgesinnten Frauen die Chance des Eingebundenseins in eine unverwechselbare soziale Gruppe mit einem schwesterlichen Zusammengehörigkeitsgefühl, das in der modernen Gesellschaft oft fehlt. Die Mitglieder bestätigen dieses Zugehörigkeitsgefühl, das nicht nur in den einzelnen Zweigstellen, sondern durch das gesamte Netz der lokalen Verbände vermittelt wird. Die Zeitschrift der WI, *Home and Country*, druckt regelmäßig Briefe von Leserinnen ab, die früher einsam und isoliert waren und nun berichten, wie sich ihr Leben durch die neu entdeckte Möglichkeit des Engagements in dieser Gemeinschaft verändert hat.

Die wachsende Bedeutung von Frauen bei der Entwicklung moderner Stämme läßt vermuten, daß die Muster unserer sozialen Aktivitäten und Beziehungen nicht unbedingt durch unsere evolutionäre Vergangenheit und die Geschichte unserer Herausbildung zu kulturellen Wesen vorgegeben oder eingeschränkt werden. Genetische Faktoren und Vererbung in tieferem Sinne beeinflussen zwar ohne Zweifel die Art und Weise, wie wir unsere Gesellschaften (die traditionellen wie die modernen) organisieren, aber sie engen das soziale Potential von Mann und Frau nicht ein. Das universelle Bedürfnis des Menschen, sich als einzelner in der kollektiven Einheit mit Gleichgesinnten zu verwirklichen, ist nicht auf eine Hälfte unserer Spezies beschränkt.

Soziale Gruppierungen in der modernen Gesellschaft

Viele moderne Gesellschaften nähern sich heute sehr schnell ihren Grenzen, was ihre Größe und die dadurch verursachte Unpersönlichkeit betrifft. Immer häufiger erleben wir in großstädtischen Ballungsgebieten gewalttätige Reaktionen der dort wohnenden Menschen auf die Entfremdung, unter der sie leiden. Vor allem junge Menschen finden oft keine Identifikationsmöglichkeit und kein Zugehörigkeitsgefühl in einer Welt, die

Gegenüber
Trachtenartige Kleidung gibt es nicht nur in der Jugendkultur der unteren Volksschichten. Diese »Töchter der Revolution« n den USA drücken mit ihrer Kleidung nicht weniger beredt Loyalitäten und Lebensstil aus.

Sloane Rangers sind schon auf den ersten Blick als Mitglieder eines englischen Oberschicht-Stammes auszumachen — Erkennungszeichen Wachstuchjacke und grüne Gummistiefel.

ihnen oft die kalte Schulter zeigt, und wenden sich daher immer häufiger alternativen Jugendkulturen zu, in denen sie »wer« sein können. Im Zeichen einer schlimmen wirtschaftlichen Rezession artikuliert sich diese Suche nach Identität, gepaart mit der Wut der Benachteiligten, in der Aggression der jugendlichen Bande oder in Solidaritätsbekundungen einem klar definierten Feindbild gegenüber. Rassismus, Antisemitismus und andere Formen der Anprangerung von Fremdgruppen treten dann auf, wenn Frustrationsgefühle verstärkt werden durch den Eindruck von Anonymität und Bindungslosigkeit. Manche Angehörigen von Kulturen des 20. Jahrhunderts müssen erst klarstellen, gegen wen sie sind, um sich über sich selbst klarzuwerden.

So ist es einerseits das Gefühl von Ungerechtigkeit und Ernüchterung, das die Stammesbildung und das Stammesempfinden wiederaufleben läßt — mitunter mit zerstörerischen Folgen; doch andererseits ist derselbe Drang nach sozialer Bindung auch bei den wohlhabenderen und erfolgreicheren Mitgliedern unserer Gesellschaft zu beobachten. Das geht so weit, daß die soziale Etikettierung von neuen Gruppen Berufstätiger immer gebräuchlicher wird. Der Begriff »Yuppie« (young, upwardly mobile professional people bzw. young urban professional people) entstand in den achtziger Jahren in den USA und sollte eine neue Generation von jungen Aufsteigern bezeichnen. Sobald der Begriff einmal geprägt war, fingen die Leute an, sich damit zu identifizieren und dem so bezeichneten »Lebensstil« nachzueifern. So wurden die Yuppies bald zu einem Stamm von Menschen, die einander in puncto Beruf, Sprachstil, Interessen, Geschmack und Einstellungen ähnlich waren. Der Filofax, die »persönliche Organisationshilfe«, war bald kein überteuerter Kalender mit Adressenverzeichnis mehr: Er symbolisierte nun die Zugehörigkeit zu einer bestimmten Kultur.

Matronen gesetzten Alters in ihrem
»Stammeskostüm« beim Kentucky Derby.

Nach den Yuppies kamen andere bürgerliche Stämme, die ebenfalls mit ironischen Abkürzungen benannt wurden, und heutzutage ist es modern, Menschen nach ihrem sozialen Stamm zu unterscheiden. Teure Hochglanzzeitschriften informieren ihre Leser regelmäßig über modische Markenartikel und die Gruppen, von denen sie gekauft werden. Diese Artikel sind im allgemeinen ziemlich trivial, aber sie zeugen von dem zunehmenden Bedürfnis der Menschen, sich durch ihren Lebensstil zu »definieren« und mit anderen Menschen verbunden zu fühlen, die diesen Lebensstil teilen.

In England hat diesem modischen Trend zur stammesmäßigen Zuordnung und Etikettierung von Menschen zweifellos Peter York mit seiner »Entdeckung« der Sloane Rangers Vorschub geleistet — diesen wohlhabenden jungen Leuten, die in schicken Wohnvierteln wie etwa in der Nähe des Londoner Sloane Square leben. Mit einem der Sache angemessenen Zynismus beschreibt York diese spezielle Gruppe aus der britischen oberen Mittelschicht, und zwar etwa in der Art, wie ein Anthropologe von einer bestimmten afrikanischen Kultur redet. Sloanes erkannte man daran, daß sie grüne Gummistiefel und Wachstuchjacken trugen, einen Golf GTI fuhren und praktisch ihr ganzes Leben in Weinbars zubrachten. Das war zwar eine Karikatur, aber nicht völlig unzutreffend, und sie entsprach bald der Wirklichkeit — um so mehr, als junge Leute aus diesen Kreisen sich mit diesem Image zu identifizieren begannen und nicht nur den Sloane-Stil, sondern auch die mit ihm verbundenen Einstellungen übernahmen.

Das Phänomen der »Young Fogeys« (»junge Knacker«, d.h. junge, nicht unbedingt brillante Intellektuelle mit den betont konservativen Anschauungen der »alten Knakker«) ist in der erlauchten Atmosphäre von »Prestige«-Universitäten wie Oxford, Cam-

Oben
Während in Popkonzerten Männer ihre kollektiven Aggressionen austoben, bringen Mädchen und Frauen andere Emotionen zum Ausdruck. Die Vergötterung der auftretenden Stars nimmt in der aufgeheizten Atmosphäre großer Gruppen hysterische Dimensionen an.

Links
Die Vorführung alter Filme und Musik (scherzhaft »revival meetings« genannt) befriedigt nicht nur Nostalgie- und Sentimentalitätsgelüste, sondern vermittelt den Teilnehmern auch das Gefühl, unter Gleichgesinnten zu sein. Hier feiert man in Kleidung, Tanz sowie kollektiven Werten und Idealen die fünfziger Jahre.

Gegenüber
Bei Open-air-Festivals kann man auch in strömendem Regen das kollektive Einssein erleben. Bei diesem Rockkonzert im kalifornischen San Bernardino, gesponsort vom Chef der Firma Apple Computers, Stephen Wozniak, kommt es inmitten der allgemeinen Festtagsstimmung zu gruppenaggressiven Bekundungen.

bridge oder Harvard natürlich nichts Neues, aber die Bezeichnung für dieses Phänomen ist erst in den achtziger Jahren aufgekommen. Typisch für die »Jungen Knacker« sind ihre reaktionären Ansichten, die altmodische Art, sich zu kleiden, und das blasierte Desinteresse an der realen Welt der Arbeit. Unterstrichen wird ihre Besonderheit durch die aus ihren Reihen hervorgegangenen naßforschen Senkrechtstarter — durchgestylte, dynamische Typen.

Yuppies waren und sind noch immer die Antithese zur Ordnung des Establishments. Sie verlassen sich mehr auf ihr Talent und ihren Geschäftssinn als auf ererbten Reichtum oder die richtige alte Schulkrawatte. Aus solchen Gegensatzbildungen erwächst die Einheit des Stammes. Yuppies, Sloanes und Junge Knacker haben in der Tat gemeinsame Interessen und Wertvorstellungen, aber verstärkt wird diese Gemeinsamkeit durch die Abgrenzung gegen andere klar definierte Kollektive. Das Auftreten *eines* Stammes definiert sogleich mehrere andere.

So sind etwa die »Dinkies« (»Double income, no kids« [Doppelverdiener, keine Kinder]) eine besonders zielstrebige Splittergruppe der Yuppies. Diese Ehepaare können sich den gruppentypischen aufwendigen Lebensstil leisten, weil sie das beträchtliche Einkommen, das ihnen zur Verfügung steht, nicht für die Erziehung von Kindern und für teure Schulen ausgeben müssen. Das Gegenstück zu ihnen sind die »Drabbies«, ein Stamm von drögen, aber vernünftigen Leuten mit mehreren Kindern und sozial nützlichen Berufen (Lehrer, Sozialarbeiter). Gegenstand der Schickimicki-Konversation sind ferner Yummies (Young Urban Mothers [junge Mütter in der Großstadt]), Swells (Single Women Earning Lots of Money in London [gutverdienende, alleinstehende Frauen]) und Spoolers (Stripped Pine, Olive Oil, Laura Ashley [rustikale Möbel, kontinentale Küche, altmodische Rüschenkleider]).

Die Bezeichnungen für solche Stämme sind eher nebensächlich, doch spiegelt sich darin das Bedürfnis der Menschen wider, sich über die Zugehörigkeit zu Untergruppen der Bevölkerung zu definieren. Daß solche Gruppierungen keine Erfindung flinker Journalisten sind, sondern wirklich existieren, bezeugen nicht zuletzt die neuen Tendenzen in der Marktforschung. Um ihre Waren zweckmäßig vermarkten und verkaufen zu können, müssen die großen Firmen diverse Bevölkerungsgruppen voneinander unterscheiden und ihre Werbung auf sie abstimmen. So hätte es wenig Sinn, teuren Schmuck aus der Werkstatt namhafter Designer in Massenblättern anzupreisen, deren Leser sich solche Luxusartikel ohnehin nicht leisten können; dafür mag eine Anzeige in einer »feinen« Zeitschrift mit geringer Auflage beachtliche Resonanz haben. Doch nun stellten die Marktforscher immer häufiger fest, daß die traditionellen demographischen Kriterien — in erster Linie die soziale Schicht und die Höhe des Einkommens — für die soziale Wirklichkeit von heute zu undifferenziert sind. Daher zielen die neueren Marktforschungsstrategien darauf ab, die verschiedenen sozialen Stämme auszumachen, denen die Menschen angehören, und Größe und typische Merkmale der einzelnen Stämme herauszufinden. Bei diesem Ansatz — der sogenannten »Werte- und Lebensstil-Analyse« — ist die Höhe des Einkommens oder der soziale Hintergrund der potentiellen Kunden kaum noch von Interesse, denn das erlaubt weder eine hinreichend präzise Unterscheidung der verschiedenen Kundentypen, noch läßt es eine einigermaßen genaue Prognose darüber zu, welche Zeitung die Leute lesen, welche Fernsehprogramme sie sich ansehen und was sie möglicherweise gerne kaufen würden.

Die Einteilung der Menschen in klar unterschiedene soziale Gruppierungen, die anhand von Erwartungen, Geschmack, Werten und jeweiligem Lebensstil definiert werden, erlaubt den Marketingabteilungen ein einfaches Urteil darüber, wie groß der Markt für ein bestimmtes Produkt sein wird und welches die geeigneten Kanäle für Werbemaßnahmen sind. Könnte ein bestimmtes Produkt nicht nur einer Gruppe der Bevölkerung zusagen, sondern mehreren, so kann die Werbung für jede dieser Gruppen maßgeschneidert werden, den jeweiligen Stammesgegebenheiten entsprechend.

Diese kommerzielle Ausnutzung von Mustern kollektiver Bindung ist vielleicht der beste Beweis für das Vorhandensein des Stammeswesens in der modernen Gesellschaft. Wir mögen uns über die Spitznamen von »schicken« Mittelschichts-Gruppierungen lustig machen oder uns selbst für freie, unabhängige Geister halten, die gegenüber keiner bestimmten Gruppe irgendeine Art von Treuebindung empfinden; aber in Wirklichkeit dürfte es für die meisten von uns schwierig sein, jeglicher Kategorisierung zu entrinnen. Der moderne Tribalismus erschöpft sich nicht in den ostentativen Jugendkulten mit ihren kunstvollen Frisuren und ihrem scheinbar perversen Geschmack, was Kleidung anbelangt. Es sind auch nicht nur die Mitglieder von esoterischen Einrichtungen, Geheimgesellschaften, Clubs und Vereinen, die nach unverwechselbarer Einheit des Kollektivs trachten. Jeder von uns bedarf zur Ausbildung seines Ich- und Identitätsgefühls anderer Menschen. Wo die gigantischen Dimensionen unserer Kultur ein echtes Gefühl der Zugehörigkeit verhindern, verschwören wir uns miteinander, um diese Maßstäbe zurückzuschrauben auf ein Gebilde, in dem wir Mensch sein können — mit anderen Worten: auf einen Stamm.

Territorien

Territorialität ist ein Aspekt des menschlichen Lebens, der so tief in uns verwurzelt ist, daß wir ihn gern für etwas im Laufe der Evolution Erworbenes halten. Es gibt viele Bücher, die unsere »territorialen Instinkte« untersuchen und unser diesbezügliches Verhalten mit dem von siamesischen Kampffischen, Wildebeest und Pavianen vergleichen. Der »biologische« Trieb des Menschen, sein angestammtes Territorium zu verteidigen, soll, so wird behauptet, Ursache der menschlichen Aggression und Gewalttätigkeit sein. So simpel ist der Zusammenhang zwischen Territorialität und Aggression aber nicht. Zwar gibt es einige Tierarten, die unter allen Umständen territoriales Verteidigungsverhalten zeigen, aber viele andere verhalten sich so nur, wenn es aufgrund der besonderen Beschaffenheit ihrer Umwelt notwendig ist, den Zugang zu knappen Ressourcen zu verteidigen. Und so finden wir auch in traditionellen menschlichen Kulturen beträchtliche Unterschiede, was die Errichtung und Verteidigung großräumiger und klar umgrenzter Territorien nach Art unserer nationalen Einheiten betrifft. Auch beim Menschen sind derartige Unterschiede für gewöhnlich die Folge nennbarer ökologischer und ökonomischer Faktoren. Was jedoch allen menschlichen Gesellschaften gemein ist, ist das Bedürfnis nach »Verortung« — das Bewußtsein, in einer Umgebung zu leben, die ihre Grenzen und ihre Identität hat.

Das Interesse an solcher Territorialität ist einige tausend Jahre älter als die modernen Gesellschaften. Um nur ein Beispiel anzuführen: Die Römer kannten einen Gott Terminus, der die Grenzen eines bestimmten Gebietes zu beschützen hatte. Während der ganzen römischen Kaiserzeit markierte man einzelne Anwesen und größere Territorien mit *termini*, d. h. Grenzsteinen, die mit einem Bildnis des Gottes geschmückt waren. In der altgriechischen und altrömischen Kultur ließ man zwischen Häusern einen mindestens einen Meter breiten Abstand: Dieser Zwischenraum gehörte den Göttern, niemandem sonst.

Was die neuere Geschichte betrifft, so gab es in England im 15. und 16. Jahrhundert Jahresfeste wie etwa »Rogationtide« (Bittumzüge in der Himmelfahrtswoche), in deren Verlauf die bestehenden Dorf- und Grundstücksgrenzen bekräftigt wurden. Unter Gebeten und Bibelrezitationen führte man die Kinder des Ortes zu bestimmten markanten Bäumen und stieß sie mit dem Kopf dagegen, damit der Grenzverlauf sich ihnen unvergeßlich einpräge. Die ersten britischen Siedler brachten diese Bräuche mit in die USA. Ironischerweise setzen ausgerechnet die US-amerikanischen Großstadtbanden diese heidnisch-christliche Tradition fort, indem sie bestimmte Wände mit Graffiti besprühen und damit als Grenze »ihres« Territoriums markieren.

Ähnliche Grenzmarkierungsrituale gibt es auch in traditionellen Gesellschaften. Ein gutes Beispiel sind die Zeremonien der Iraku in Tansania. Sie markieren die Grenzen ihres Territoriums, indem sie ein Schaf oder eine Ziege am Grenzverlauf entlangführen und das Tier dann ersticken. Danach wird der Kadaver in Stücke zerschnitten, die sodann an bestimmten Stellen der Grenze rituell niedergelegt werden. Diese dreitägige

Gegenüber
Diese Luftaufnahme eines Dorfes im brasilianischen Amazonasgebiet zeigt eine Anordnung der Häuser, die eine ständige soziale Interaktion und Kommunikation der Bewohner garantiert. Die keilförmigen Vorgärten im Inneren des Kreises sind wichtiger Schauplatz von Stammesaktivitäten. Man vergleiche damit Wohnsilos wie dieses in New York *(links)*! Die Anordnung dieser Wohnungen ist Gruppenaktivitäten und der Ausbildung sozialer Beziehungen abträglich. Jede Wohnungseinheit ist mit ihren Bewohnern von den anderen isoliert.

Feier wird von den Anführern der Stammesgemeinschaft vorgenommen und soll der Reinigung und Heiligung des heimischen Territoriums dienen.

Es empfiehlt sich, zwischen zwei Arten von menschlichem Territorium zu unterscheiden: einem primären und einem sekundären.

Primäre Territorien sind solche, die ausschließlich einem einzelnen oder einer kleinen Gruppe gehören. Das klassische Beispiel hierfür ist die Wohnung: Menschen, die nicht zur Familie gehören, dürfen die Wohnung nur betreten, wenn sie ausdrücklich dazu aufgefordert werden. Innerhalb der Wohnung sind je nach den verfügbaren Zimmern weitere Abstufungen der Privatheit und Isolierung denkbar; so kann zum Beispiel das Schlafzimmer eines Teenagers für andere Familienangehörige »off limits« sein. Der persönliche Charakter sowohl des Hauses als auch der einzelnen Zimmer kommt darin zum Ausdruck, daß beide individuell gestaltet und geschmückt sind. Betrachtet man z.B. eine Gruppe von architektonisch identischen Reihenhäusern, so wird man fast immer feststellen, daß die Bewohner der einzelnen Häuser die Haustür und andere Teile der Fassade anders angestrichen haben als ihre Nachbarn, um sich von ihnen zu unterscheiden.

Primäre Territorien bieten den Menschen ein Gefühl von Geborgenheit und befriedigen ein universales Bedürfnis. Auf heimatlichem Territorium fühlt man sich anderen Menschen gern überlegen, während man im primären Raum anderer Leute die entsprechenden Ergebenheits- und Unterwerfungsgesten zeigt. In praktisch allen Kulturen, ob traditionell oder modern, bauen sich sowohl einzelne Personen als auch ganze Familien nicht nur deswegen ein eigenes Haus, um Schutz und Geborgenheit zu finden, sondern auch, um sich ein ureigenes Territorium zu schaffen.

Sekundäre Territorien sind weniger exklusiv. Gleichwohl sind sie für das Leben der Menschen wichtig und auch insofern von großer Bedeutung, als sie regelmäßige zwischenmenschliche Kontakte erleichtern. Beispiele in der modernen Gesellschaft sind Parks, Plätze, Promenaden, Bars oder Cafés sowie in England die sehr britische Einrichtung des »pub«. In den meisten Fällen erzeugen solche Territorien in denen, die sie regelmäßig besuchen, ein Gefühl der Zugehörigkeit und der Mitbesitzerschaft. Es kann sogar — z.B. in Kaffeehäusern und dergleichen — ungeschriebene Gesetze darüber geben, wo bestimmte bevorzugte Gäste sitzen dürfen oder welche Vorrechte Personen von Rang und Namen haben.

Diese Art von Territorium findet man ebenfalls überall auf der Welt. In Stammesdörfern gibt es nicht nur Ansammlungen von Hütten und Behausungen, sondern auch gemeinsame Räume, wo regelmäßig und intensiv die soziale Interaktion zwischen den Bewohnern der primären Räume gepflegt wird. Es gibt jedoch eine territoriale Besonderheit, die allein für die moderne Gesellschaft typisch ist und, da sie den natürlichen Mustern des Stammeslebens zuwiderläuft, immer wieder zahlreiche Probleme mit sich bringt. Es handelt sich um die Foyers und Gänge der modernen Wohn-Silos.

Der Stadtplaner Oscar Newman betont in seinem wegweisenden Buch *Defensible Space* die Bedeutung dieser Räume, die das primäre Territorium der Wohnung mit der öffentlichen Welt verbinden. Wo Wohn-Silos so gestaltet sind, daß die Hausbewohner sich für den sekundären Bereich ihres Hochhauses nicht verantwortlich fühlen, sind Vandalismus und Kriminalität an der Tagesordnung. In den Eingängen treiben sich Obdachlose und Alkoholiker herum, und Gemeinschaftseinrichtungen wie z.B. Fahrstühle werden immer wieder zur Zielscheibe krimineller Zerstörungswut. Die Interaktionen, die in diesen Räumen stattfinden, sind meistens unpersönlicher Natur, und es kann vorkommen, daß sogar Wohnungsnachbarn einander nicht grüßen.

Newman hat angeregt, diesem unbefriedigenden Zustand einfach durch diverse gestalterische Maßnahmen abzuhelfen. So ist er der Ansicht, daß eine angemessene Kontrolle der sekundären Territorien nur möglich ist, wenn vier bis fünf Familien gemeinsam denselben Eingang benutzen; unter diesen Umständen lernen die Leute einander kennen und achten auf eine potentielle Bedrohung des gemeinsamen Gebietes. Die Untergliederung sehr großer Wohn-Silos in Einheiten von menschlicherer, weil überschaubarer Größe führt zu einer radikalen Veränderung des Sozialverhaltens.

Was Newman vorschlägt, ist natürlich die Rückkehr zu Wohnarealen, die mehr Ähnlichkeit mit solchen in traditionellen Kulturen haben. Wenn wir Wohneinheiten ohne menschlichen Maßstab bauen, bekommen wir unweigerlich all jene Probleme, die die Entmenschlichung der in ihnen lebenden Menschen erzeugt. Wir sollten die Gewalttätigkeit und Entfremdung in den innerstädtischen Arealen der modernen Industrienationen als Warnsignal auffassen, daß wir dabei sind, die Grenzen zu überschreiten, die unser Stammeserbe uns setzt.

Mythen und Religionen

Alle Kulturen haben Mythen — Geschichten, die nicht auf wahren Begebenheiten beruhen und keinen Bezug zur Wirklichkeit haben und doch die Grundlage für religiöse Überzeugungen und Praktiken abgeben. Die konventionellen religiösen Bewegungen, die in der modernen Gesellschaft von unterschiedlichem Gewicht und Einfluß sind, kann man ohne weiteres mit dem bei Stammesgesellschaften üblichen Glauben an Geister, Götter und unsichtbare Wesen vergleichen. Zwar ziehen wir es mit unserem typischen ethnozentrischen Hochmut vor, unsere Religionen als etwas Besseres anzusehen, sind überzeugt, daß sie mit den Religionen afrikanischer Stammesangehöriger nichts gemein haben, sondern irgendwie heiliger, wahrer und zivilisierter sind. Aber das ist ein Trugschluß. Wenn wir in die Kirche gehen, zu Gott beten oder fromme Rituale vollführen, zeigen wir Verhaltensweisen, die so alt sind wie die Kultur des Menschen selbst.

Mythen erfüllen in jeder Gesellschaft eine Reihe wichtiger Funktionen. In gewissem Umfang enthalten sie die Geschichte einer Kultur in Form von überlieferten Berichten. Viele Mythen erzählen von Wanderungen, Naturkatastrophen, früheren Formen der Gesellschaftsordnung und von bedeutenden Führern und Volkshelden. Diese Geschichten sind allerdings nur selten historisch getreu, da sie im Lauf der Zeit bis zur Unkenntlichkeit entstellt wurden. Im Zuge der Ausbreitung einer Kultur kommt es auch häufig zur Vermischung von Geschichten, die aus unterschiedlichen Gesellschaften stammen — und deren Verfasser oft unbekannt sind. Das gilt für die Bibel der Christen, zumal das Alte Testament, ebenso wie für Volkserzählungen der präliteralen Kulturen und die heiligen Bücher der anderen großen Religionen.

Zur historischen Seite der Mythen gehört häufig eine Schilderung über die Erschaffung der Welt. Für den jüdisch-christlichen Kulturkreis finden wir diesen Bericht im Buch Genesis (1. Buch Mose), doch ist er auch in vielen Mythen von Stammeskulturen enthalten. Der Anthropologe William Haviland überliefert uns folgenden Ursprungsmythos der Fon aus dem westafrikanischen Dahomey:

> Am Anfang waren die Sterne sowohl bei Nacht als auch bei Tage zu sehen. Die Nachtsterne waren die Kinder der Mondgöttin, die Tagsterne die Kinder des Sonnengottes. Eines Tages sagte die Mondgöttin zum Sonnengott, ihrer beider Kinder versuchten, sie beide zu überstrahlen. Um das zu verhindern, kamen Mond und Sonne überein, die Sterne in Säcke zu packen und ins Meer zu werfen. Der Sonnengott machte den Anfang und entfernte seine Sterne vom Taghimmel. Die listige Mondgöttin hingegen hielt sich nicht an die Abmachung und ließ ihre Kinder am Nachthimmel stehen. Aus den Kindern des Sonnengottes wurden die bunten Fische im Meer, und seither ist der Sonnengott der Todfeind der Mondgöttin und sucht sich an ihr dafür zu rächen, daß er seine Sterne an das Meer verloren hat. Immer, wenn eine Mondfinsternis ist, versucht der Sonnengott, die Mondgöttin zu fressen.

Diesen Mythos kann man im einzelnen untersuchen, um Einblick in die kollektiven Einstellungen und Werte der Fon zu gewinnen. Auf vordergründigerer Ebene erklärt der Mythos verschiedene Aspekte der Natur: die Fische im Meer, die wahrgenommene Bewegung der Sonne und des Mondes am Himmel und die seltenen, aber schreckenerregenden Mondfinsternisse.

Mythen und Religionen dienen auch als Grundlage für Recht und Sittlichkeit. Sie

Oben
Begräbnisse dienen nicht nur dem rituellen
Ausdruck von Kummer und Trauer um die
Toten; sie festigen auch die sozialen
Bande zwischen den Lebenden. Die
Frauen bei diesem italienischen Leichen-
begräbnis verbindet ihr öffentlich bekun-
deter Schmerz.

Rechts
In diesem Dorf auf Neu-Guinea hält man
noch lange nach ihrem Tod mit den Vorfahren Verbindung. Jahr für Jahr wird der
mumifizierte Leichnam eines längst ver-
storbenen Familienmitglieds nach draußen
hervorgeholt und auf einen Stuhl gesetzt.
Vor ihm breitet man, in einer Art von
Stammesinventur, das Geld aus, das seine
Nachkommen in den vergangenen zwölf
Monaten zusammengebracht haben.

stützen die herrschende Ordnung, indem sie sich auf göttliche Wünsche und heilige Gesetze berufen. Das wird an den heiligen Schriften aller Religionen deutlich, vor allem an der Thora der Juden und am Koran des Islams. In einigen Gesellschaften der westlichen Welt gibt es Gruppierungen, die sich nur auf ganz bestimmte Bücher des Alten Testaments berufen, um ihr Tun zu rechtfertigen und Kontrolle über ihre Mitglieder auszuüben. Ein bekanntes Beispiel dafür ist etwa, wie die Briefe des Apostels Paulus dazu herhalten müssen, Geschlechtsrollen und Dominanzmuster in christlichen Kulturen zu perpetuieren.

Mythen dienen darüber hinaus dem Zweck, Antworten auf elementare Fragen zu geben, die die Menschen in allen Kulturen beschäftigen, Fragen wie, was für einen Sinn unser Leben hat, zu welchem Zweck wir leben. Die etablierten Religionen der modernen Gesellschaft dienen ebenso wie der Geisterglaube der Stammeskulturen dazu, Urängste zu besänftigen, indem sie uns leicht verständliche Vorstellungen von unserer Rolle auf Erden vermitteln. So erlaubt der Glaube an ein Leben nach dem Tode, der in so vielen Religionen und Mythen eine zentrale Rolle spielt, den Menschen, mit der wohlbegründeten Furcht vor dem Sterben, dem drohenden Nichts, fertig zu werden.

Wenn man davon ausgeht, daß unsere Religionen gleichsam nur die Fortsetzung der mythischen Traditionen älterer Stammeskulturen in der modernen Gesellschaft sind, erscheinen die Autoritätspersonen der modernen Religionen im selben Licht wie die Schamanen der traditionellen Kulturen. Der Schamane ist der religiöse Fachmann, der augenscheinlich imstande ist, direkt mit der Geisterwelt zu kommunizieren, wobei es nicht selten vorbereitender tranceartiger Zustände bedarf. Diese Rolle kommt zum Beispiel im Schamanismus der Inuit schön zum Ausdruck.

Inuit ist der Name, mit dem sich das Volk, das wir »Eskimos« nennen, selber bezeichnet. Der Schamane ist in dieser Kultur zuständig für die Beziehungen zwischen den Menschen und den übernatürlichen Mächten, welche nach dem Glauben der Inuit ihr Leben beeinflussen. Er hat daher beispielsweise die Aufgabe, die Jagdgründe von bösen Geistern freizuhalten, damit der Nachschub an Fleisch nicht gefährdet ist. An den Schamanen wenden sich die Menschen, wenn ein Kranker Heilung braucht, wenn es gilt, einen Blick in die Zukunft zu tun, oder wenn für irgendeinen wichtigen Anlaß gutes Wetter gebraucht wird.

Zum Glauben der Inuit gehört die Vorstellung, daß der Mangel an Fischen in einer bestimmten Gegend davon herrührt, daß die Geister, z.B. die »Meerfrau«, durch irgend etwas erzürnt worden sind. Etwa dadurch, daß jemand die verbotenen Teile eines Fisches verzehrt und damit die Haare der Meerfrau befleckt hat. Aufgabe des Schamanen wäre es in diesem Fall, mit der Meerfrau in Kontakt zu treten, ihr den Schmutz aus dem Haar zu kämmen und sie so zu besänftigen.

Bezeichnend für die Schamanen ist, daß ihre Autorität im wesentlichen charismatischer Natur ist. Sie haben sich selbst zu dem gemacht, was sie sind, und vertrauen darauf, den Glauben der Gruppe an ihre Kräfte und Fähigkeiten nicht zu enttäuschen. In dieser wie in anderer Hinsicht haben sie vieles gemeinsam mit den Evangelisten, Gesundbetern, Hellsehern und regelrechten Zauberern in westlichen Kulturen. Von der Idee, wenn auch nicht vom Stil her, stehen ihnen jene Mystiker asiatischer Kulturkreise noch näher, die in England und den USA, aber auch in Deutschland so nachhaltigen Einfluß ausüben, wie etwa Bhagwan oder Maharishi. Doch sind Elemente des Schamanismus auch in den herkömmlichen Kirchen nicht zu übersehen, so sehr sie sich auch von den mystischen Scharlatanen zu distanzieren versuchen. Der Priester, der in ein christliches Haus gerufen wird, um den Teufel auszutreiben, hat vieles mit seinem Kollegen bei den Inuit gemeinsam.

2 | ÜBERGANGSRITEN

IN DEN TRADITIONELLEN GESELLSCHAFTEN markieren meistens bestimmte Initiationsfeiern und -riten den Übergang eines Menschen von einem Status oder Lebensalter zum nächsten. Zu einem vollwertigen Stammesangehörigen zu werden, samt allen damit verbundenen Rechten und Pflichten, ist etwas, was nicht mit dem Erreichen der Volljährigkeit automatisch eintritt. Der Übergang vom Status des Kindes zu dem des Erwachsenen ist ein einschneidendes Ereignis von solcher Tragweite, daß es durch traditionelle Riten markiert werden muß. Diese Riten machen gleichsam öffentlich bekannt, daß der (zumeist männliche) Stammesangehörige von nun an eine neue Stellung in seiner Gruppe einnimmt. (Initiationsriten für Mädchen sind seltener und weniger komplex.)

Übergangsriten *(rites de passage)* dienen in erster Linie zur Bewältigung dessen, was man »Lebenskrisen« nennen könnte. Geburt, Geschlechtsreife, Heirat, Elternschaft und Tod, dies alles sind bedeutende Meilensteine auf dem Lebensweg des Stammesangehörigen. Die dazugehörigen Rituale sind nicht nur dazu da, die verschiedenen Etappen zu markieren, sondern sollen dem einzelnen auch helfen, mit den persönlichen Ängsten und Belastungen fertig zu werden, die solche entscheidenden Einschnitte im Leben mit sich bringen. In den meisten Fällen gliedern sich diese Zeremonien in drei klar unterscheidbare Teile, so zum Beispiel die Initiationsriten der Jünglinge bei den australischen Ureinwohnern (den Aborigines).

Der Zeitpunkt der Initiation wird von den Ältesten bestimmt, die die geschlechtliche Entwicklung des Knaben verfolgt haben. Als erstes kommt eine Trennungsphase. Der Novize wird unter dem Wehklagen der Frauen, die rituelle Klagelaute ausstoßen und den Raub zum Schein zu verhindern suchen, aus dem Dorf »entführt«. Fern vom Dorf beginnt für den Jüngling dann die Übergangsphase. Mit ihr ist gewöhnlich eine körperliche Verstümmelung, wie Beschneidung oder das Ausschlagen eines Zahns, verbunden, die nach Ansicht der Anthropologen das »Töten« des Initianden symbolisiert. Für den normal weiterlebenden Stamm wird er zum »Toten«.

In dieser Isolationsphase, die sechs bis acht Wochen dauern kann, wird der Jüngling auf seine spätere Rolle im Stamm vorbereitet. Er wird in den Stammestraditionen und -sitten unterwiesen. In präliteralen Gesellschaften ist dies ein nützlicher Mechanismus zur mündlichen Weitergabe der Kultur von einer Generation an die nächste, die Ritualisierung dieses Vorgangs unterstreicht seine besondere Wichtigkeit. Der Initiand erlernt auch die Kunst und die kulturelle Bedeutung der Stammestänze und bekommt Plätze von besonderer religiöser Bedeutung zu sehen.

Schließlich kehrt der Initiand als »Mann« in sein Heimatdorf zurück, wo man ihn begrüßt, als wäre er von den Toten auferstanden. Der symbolische Tod des Initianden und seine symbolische Wiedergeburt dokumentieren dem Stamm, daß es sich bei dem jungen Mann um einen ganz neuen, anderen Menschen handelt, und von nun an werden ihm alle Stammesangehörigen mit der Achtung begegnen, die seiner neuen Erwachsenenrolle zukommt.

Die Schmerzen und Peinigungen, die der Initiand zu ertragen hat, dienen dem Zweck, ihn an den Stamm zu binden. Indem er die Schmerzen mannhaft erduldet, beweist der Jüngling seine Entschlossenheit und seinen Mut. Je größer die Qualen sind, desto stärker ist die Solidarität unter den Leidensgefährten. Das ist vielleicht der Grund, warum viele traditionelle Gesellschaften *alle* Mitglieder

mehrmals derartigen Proben unterwerfen. So ist — um in Australien zu bleiben — beim Ureinwohnerstamm der Mardujara die Beschneidung nicht die einzige schmerzhafte Operation, die der heranwachsende Jüngling über sich ergehen lassen muß. Zu Beginn der Pubertät durchbohrt man ihm außerdem die Nasenscheidewand mit einem kleinen Knochen. Die Beschneidung erfolgt durch zwei Onkel mütterlicherseits in der Zeit der Isolierung des Initianden. Ein Jahr später wird an seinem Penis die Subinzision vorgenommen; hierbei wird das Glied an seiner Unterseite gespalten. Erst wenn die Wunden dieses letzten Rituals verheilt sind, darf der junge Mann heiraten. Trotzdem wird von ihm erwartet, daß er noch weitere zehn Jahre bestimmte Pflichten gegen die Älteren erfüllt und sie beispielsweise mit Fleisch versorgt.

Bei den Gisu von Uganda ist die Beschneidung des Mannes von noch größerer Bedeutung für die Identitätsstiftung und Stammesbindung; nach dem Glauben der Gisu ist es nämlich gerade die Beschneidung, wodurch sie sich von den Nachbarkulturen unterscheiden. Die Eigenbezeichnung der Gisu lautet »Basani«, d. h. Männer; alle anderen Gruppen fassen sie, da nicht beschnitten, unter der Sammelbezeichnung »Basinde«, d. h. Knaben, zusammen.

Im Beschneidungsritual der Gisu, dem »Imbalu«, spiegelt sich die kulturelle Bedeutung wider, die diesem Akt beigemessen wird. Die jungen Männer, zum Teil schon Anfang zwanzig, dürfen keinerlei Anzeichen von Angst zeigen und müssen vollkommen stillhalten, während die Vorhaut entfernt und die Haut rund um die Penisspitze zurückgestreift wird. Der Initiand muß es dem Krieger gleichtun, der seine Angst durch den zuversichtlichen Glauben an die Unüberwindlichkeit seiner inneren Kraftreserven besiegt.

Die Zeremonie der Habiye, Jahr für Jahr in Niamtougou in Togo begangen, dreht sich um das Austreiben der bösen Geister. Den Tod symbolisieren die auf zwei Zinken aufgespießte Cincin-Schlange sowie eine giftige Kröte, die in den Mund gesteckt wird. Während der Zeremonie tragen die Männer traditionelle Kostüme und Frisuren und spielen die Eigenschaften der Tiere nach, die sie darstellen. In Tänzen versinnbildlichen sie ihre Kraft über den Tod. Schlangen, Kröten und sonstige Symbole des Bösen werden aufgeschnitten, in einen Kessel geworfen und in feierlicher Prozession durchs Dorf getragen. Ein zweiter Kessel, gefüllt mit Asche, wird hinterhergetragen: Er versinnbildlicht Reinheit und Leben.

Noch schmerzhafter und härter scheinen die Beschneidungsriten der Papua auf Neu-Guinea zu sein. Die einleitende Phase beginnt mit einer Fastenzeit; danach muß der Initiand ein rituelles Gericht aus gekochten Nesseln und Bambus in Schweinefett verzehren, das zu einem quälenden Stechen im Körper sowie zum Anschwellen des Schlundes führt. Zwei Tage später ruft man beim Initianden Nasenbluten hervor, indem man ihm mit hölzernen Schlegeln scharfe Pflöcke in die Nasenlöcher treibt. Sodann werden aus der Eichel des Gliedes kleine Stückchen Fleisch herausgeschnitten, was tiefreichende Verstümmelungen hervorruft, die oft sogar die Harnröhre in Mitleidenschaft ziehen. Als hätte der Initiand damit noch nicht genug ausgestanden, werden dem Penis noch mehrere heftige Schläge mit dem Griff des Beschneidungsmessers versetzt; danach wird das Glied kräftig mit Salz und Nesseln eingerieben.

Mitunter werden die schmerzhafteren Phasen der Initiation durch Prozeduren eingeleitet, die psychologisch offenbar einen Zustand der Hyperästhesie (Überempfindlichkeit) hervorrufen. Diese Erscheinung tritt vor allem nach längerem Fasten und Mangel an Schlaf ein und ist Vernehmungsoffizieren und Folterknechten in aller Welt bestens bekannt. Die Auswirkungen bestehen darin, den betreffenden Menschen beeindruckbarer und für Suggestionen empfänglicher zu machen. Alle Lehren, die dem Stammesangehörigen im Verlauf der Initiationsriten anvertraut werden, prägen sich ihm auf diese Weise unauslöschlich ein, und er entwickelt eine unverbrüchliche Treue zu den Gesetzen und Traditionen der Kultur, in die er nun aufgenommen wird.

Aus westlicher Sicht erscheinen solche Initiationsriten wohl als barbarisch und unnötig schmerzhaft. Die Vorstellung, einem Heranwachsenden absichtlich Schmerz und Leiden zuzufügen, würde in der modernen Gesellschaft nicht geduldet — jedenfalls nicht offiziell. In jüngster Zeit hat der zunehmende Einfluß des Westens auf manche Stammesgesellschaften dazu geführt, daß die krassesten Praktiken eingestellt wurden. Doch wäre es falsch, derartige Rituale als »primitive« Formen von Barbarei abzutun; das hieße, ihre lebenswichtige Rolle in traditionellen Kulturen zu verkennen. Diejenigen Gesellschaften, die auf solche Praktiken verzichtet haben, haben damit auch viel von den Bindungs- und Integrationskräften eingebüßt, die bis dahin ihr kulturelles und ökonomisches Überleben gesichert hatten. Wenn traditionelle Übergangsriten in Mißkredit geraten, beginnt das gesamte soziale Gefüge sich aufzulösen.

Die wahre Bedeutung der Initiationsriten wird an der Begeisterung der Initianden selber sichtbar. Statt den Versuch zu unternehmen, den Schmerzen und Peinigungen zu entgehen, drängen sich die Knaben und jungen Männer förmlich nach diesen Erfahrungen und den nachfolgenden Übergangsphasen. Für sie ist das Initiationsritual ein wesentliches Element auf dem Wege zum Erwachsenwerden, zu eigenem Status und eigener Identität. Ein vollgültiges Mitglied des Stammes mit allen Rechten und Pflichten zu werden ist etwas, das seinen Preis hat, und dieser Preis wird bereitwillig gezahlt.

Moderne Übergangsriten

Natürlich gibt es auch viele Beispiele für Übergangsriten in modernen Gesellschaften. Die meisten Religionen verfügen auch über bestimmte Formen geregelten Hineinwachsens und Aufgenommenwerdens in die Kirchengemeinde. In den meisten christlichen Organisationen gibt es Taufe und Erstkommunion als symbolische Riten. Noch markanter bezeichnet in der jüdischen Kultur die Bar Mizwa den Übergang vom Knaben- zum Mannesalter, und die Beschneidung dient bei den Juden ausdrücklich als Zeichen der kulturellen Zugehörigkeit. In anderen Zusammenhängen wird die Beschneidung angeblich aus gesundheitlichen und hygienischen Gründen vorgenommen.

Oben
Eine junge Frau vom Stamm der Mehinacu im brasilianischen Amazonasgebiet. Sobald ein junges Mädchen zu menstruieren beginnt, wird es sechs Monate lang in eine separate Hütte verbannt. Die Schnüre um den Hals und die langen Haarsträhnen zeigen an, daß dieses Mädchen die Initiationszeremonie noch vor sich hat. In dieser Zeit bekommen die Mädchen nur andere Frauen und Kinder zu Gesicht.

Gegenüber
Initiation eines jungen Mannes im Sudan. Die Einschnitte rings um die Stirn hat der Initiand ohne ein Zeichen von Schmerz zu ertragen. Wenn die Wunden verheilt sind, hinterlassen sie die charakteristischen Narben, die ihren Träger als vollwertiges Mitglied der Stammesgemeinschaft ausweisen.

Am ehesten begegnen uns stammesähnliche Übergangsriten heutzutage noch in Vereinigungen und Sekten, die sich in Randbereichen der modernen Kultur bewegen. Sie enthalten nicht mehr jenes Maß an physischen Verstümmelungen und Peinigungen, das wir aus traditionellen Gesellschaften kennen, erfüllen aber ansonsten eine ganz ähnliche Funktion. Sie verbürgen Gehorsam und Konformität gegenüber den Gruppennormen, indem sie eine Situation erzeugen, in der die Initianden für Suggestionen besonders empfänglich sind.

Das bekannteste Beispiel für eine moderne »Geheimgesellschaft« sind wohl, abgesehen vom organisierten Verbrechen, die Freimaurer. Es gibt Leute, die die Ursprünge der Freimaurerei auf die Errichtung des Turms von Babel zurückführen wollen; weniger phantastische Zeugnisse deuten jedoch darauf hin, daß sie ihre Wurzeln in den Bauhütten des 12. Jahrhunderts hat. Die freimaurerische Tradition der Geheimhaltung erwuchs wahrscheinlich aus dem Bedürfnis der gotischen Baumeister, die Kenntnis gewisser allegorischer Aspekte und symbolischer Einzelheiten ihrer Baukunst nicht nach außen dringen zu lassen. Darüber hinaus sollten bestimmte Geheimzeichen dokumentieren, daß der Steinmetz ein ehrlicher Handwerker und kein Schwindler war.

Die moderne Freimaurerei nahm ihren Anfang im Jahre 1717, mit der Gründung der Großloge von England. Seit jener Zeit hat der Orden beträchtlichen Einfluß gewonnen. Seine Unverwüstlichkeit und innere Solidarität verdankt der Orden zu einem wesentlichen Teil seinen scheinbar archaischen Ritualen. Die ungewöhnlichsten Rituale sind der Aufnahme neuer Mitglieder vorbehalten; die Initianden werden zwar keinen körperlichen Torturen unterworfen, müssen aber Dinge tun, die sie unter anderen Umständen als lächerlich und entwürdigend empfinden würden.

Was genau bei diesen Initiationszeremonien geschieht, verbirgt sich immer noch hinter einer Mauer des Schweigens, mit der die Freimaurer sich zu umgeben lieben. Zu den symbolischen Gegenständen, mit denen bei diesen Ritualen hantiert wird, gehören jedenfalls Stricke und Dolche, weiße Handschuhe, Schürzen und Augenbinden. Bei der Initiation psalmodieren die versammelten Brüder bestimmte Wörter, die dem Uneingeweihten wenig sagen, wie »Jahbulon«, »Tubal Kain« und »Boas«; der Initiand, dem man eine Henkersschlinge um den Hals gelegt hat, muß ein Hosenbein hochkrempeln und archaische Treuegelübde ablegen. Die ganze Zeit über wird ihm klar gemacht, daß man ihm, sollte er jemals die Geheimnisse des Ordens verraten, die Zunge herausreißen und die Kehle durchschneiden wird. In einer solchen mystisch-unwirklichen Atmosphäre wird die Bindung an diesen modernen Stamm besiegelt. Wie anders könnte das neue Mitglied auch die Hartnäckigkeit rechtfertigen, mit der es sich um Aufnahme in den Orden beworben hat. Die Prüfung ist psychologischer Art und nicht mehr die Probe auf das physische Durchhaltevermögen und das Erduldenkönnen von Schmerzen beim Initianden, aber es scheint um keinen Deut weniger wirksam zu sein.

Das Durchstehen solcher Rituale wirft beträchtlichen Lohn ab, was die ursprüngliche Motivation so vieler Mitglieder erklärt. Zur »Bruderschaft« gehören zahlreiche Parlamentarier, Juristen, Ärzte, Architekten und Leute, die für die Vergabe öffentlicher Aufträge zuständig sind. Zum Befremden vieler Menschen sind auch überraschend viele hohe Polizeibeamte und Richter Freimaurer. Wer in einen solchen Stamm aufgenommen wird, kann auf den Beistand und die Hilfe hochgestellter und einflußreicher Brüder rechnen.

Natürlich ist die Freimaurerei keine Domäne der Briten. Sie blüht auch in Frankreich und in anderen europäischen Ländern, und auch in den USA gibt es eine Reihe von Logen. In London gibt es jetzt auch eine Freimaurerloge für Frauen, was insofern überraschend ist, als dieser Orden seit jeher fast ausschließlich Männersache war. Die weiblichen Freimaurer haben die alten Rituale und Traditionen in allen Einzelheiten übernommen; sie reden einander sogar mit

Gegenüber
In modernen Gesellschaften sind die üblichen Übergangsriten meistens nicht, wie in traditionellen Kulturen, mit dem Erdulden von Schmerzen verbunden. Die gemeinsame Feier der »Erstkommunion« aber markiert für Angehörige des christlichen Glaubens deutlich den Übergang zu einem neuen Status.

»Gentlemen« an. Die Initiationsriten für Frauen ähneln weitgehend denen der Männer und binden die Mitglieder zu einer eng verschworenen Schwesternschaft zusammen.

Die Freimaurer gelten im allgemeinen als achtbare Mitglieder der Wirtskulturen, in denen sie leben, doch trägt ihnen der geheimniskrämerische Zug ihrer Betätigungen oft das Mißtrauen und den Argwohn der Umwelt ein. Eine vergleichbare Organisation, die jedoch den Schleier des Geheimnisvollen, der sie umgibt, ein wenig gelüftet hat, ist der Orden der Rosenkreuzer. Er gehört zu einer Reihe moderner Organisationen, die den Anspruch erheben, Geheimnisse zu besitzen, welche das Leben eines jeden, der ihr Mitglied wird, auf magische Weise verändern können. Die Rosenkreuzer-Werbung in überregionalen Zeitungen spricht von einem Potential an Selbstverwirklichung und vom Zugang zu ungeahnten Erfolgen und Reichtümern. Basierend auf einer Mischung aus Alchimie und Christentum, war die ursprüngliche »Brüderschaft des Ordens des Rosenkreuzes« eine Geheimorganisation, deren angebliche Aufgabe die Krankenpflege war und die die beträchtlichen magischen Talente ihrer Mitglieder in den Dienst der Gemeinschaft stellte. Die moderne Bruderschaft dieses Namens knüpft nicht so sehr an die Tradition an, als daß sie sie neu zu beleben trachtet: Der Orden AMORC (Ancient and Mystic Order Rosae Crucis) mit Sitz in Kalifornien, der für die erwähnte Zeitungswerbung verantwortlich ist, ist erst 1916 gegründet worden. Er erhebt den Anspruch, die Rettung der verlorengegangenen Künste zu betreiben und einflußreichen Männern die Fähigkeiten geben zu können, die sie benötigen, um die Welt gerecht und konstruktiv regieren zu können.

Die Anziehungskraft einer solchen Lehre ist beachtlich. Viele Unzufriedene haben sich von der Aussicht auf Erfüllung durch Zugang zu geheimen Lehren anlocken lassen. Obgleich die wahre Natur der modernen Rosenkreuzer-Orden eini-

Gegenüber
Die gemeinsame Teilnahme an einer körperlichen Strapaze verbindet die Gruppenmitglieder: Japanische Männer beim winterlichen Eisbad im Teppozu-Inari-Heiligtum in Tokio.

Unten
Ein junger australischer Ureinwohner bei der schmerzvollen Prüfung der Beschneidung, vorgenommen von seinen Onkeln und anderen männlichen Verwandten. Ähnliche Initiationsrituale finden sich auf der ganzen Welt; im Judentum ist die Beschneidung bekanntlich ein wesentliches Element des Glaubens.

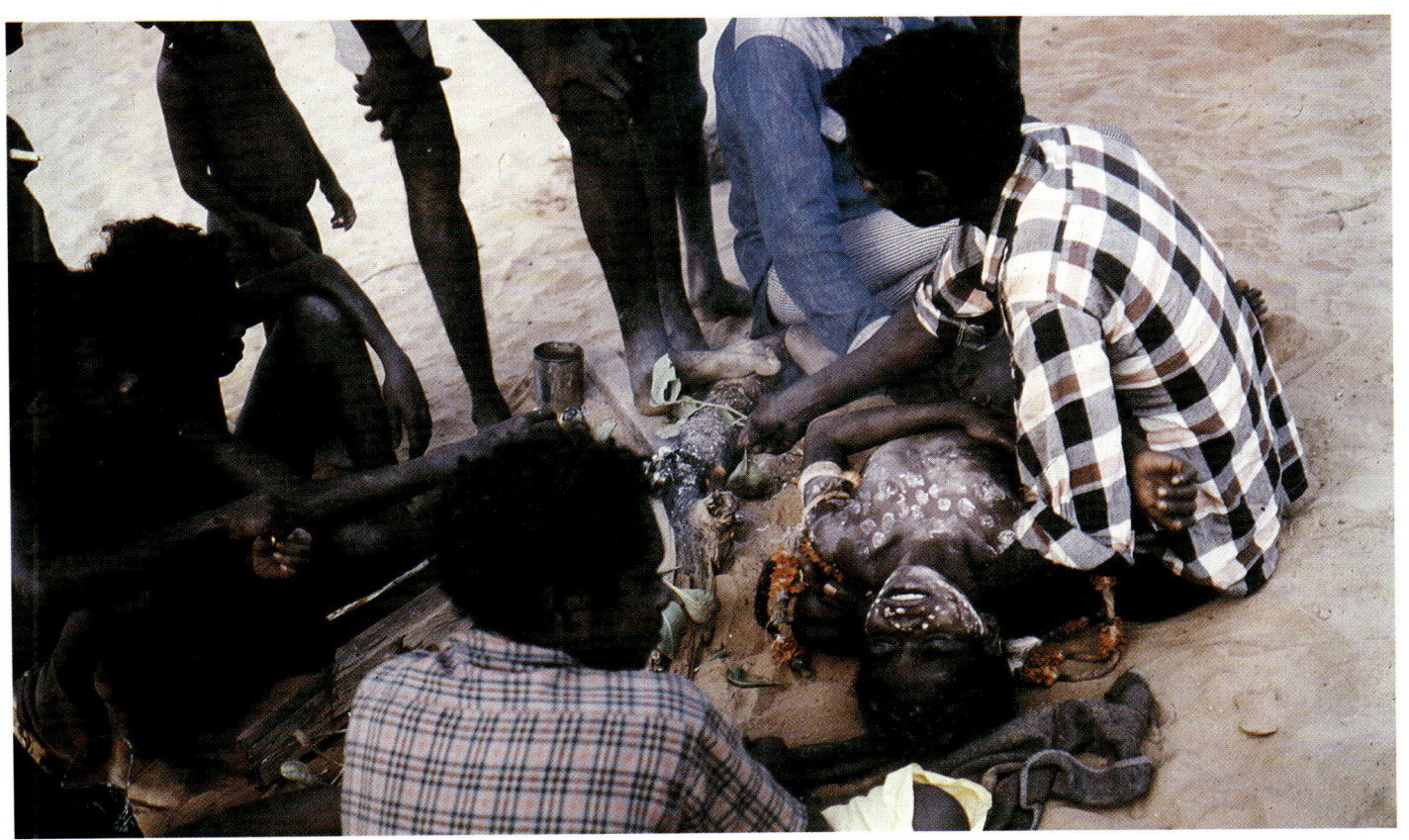

germaßen unklar ist, ist anzunehmen, daß wesentliche Elemente der traditionellen Initiationszeremonien in ihnen beibehalten worden sind. Zwar mögen sich die Riten im Laufe der Jahrhunderte in Einzelheiten geändert haben, aber sie weisen doch stets Elemente auf, die wesensmäßig denen bei freimaurerischen Zeremonien ähneln. In manchen Zeremonien wurden dem Initianden die Hände gebunden und wurde ihm eine Schlinge um den Hals gelegt. Von ihrem Fürsprecher begleitet, mußte er Treuegelübde ablegen, um die symbolische drohende Strangulierung abzuwenden und in den Kreis der Brüder aufgenommen zu werden. Den Zugang zu wirklichen Geheimnissen erlangte der neue Bruder jedoch erst viel später, wenn er weitere Phasen der Initiation und des Übergangs zu höheren Ordnungen oder »Graden« absolviert hatte.

Während die »magischen« Riten der Freimaurer, Rosenkreuzer und zahlreicher ähnlicher Organisationen auf Außenstehende ein wenig bizarr wirken, finden wir uns leicht mit den weniger dramatischen und von uns als weniger herausfordernd empfundenen Formen der Initiation in nicht ganz so esoterischen Gruppen ab. Die kleinen Versprechen, die die jungen Pfadfinder und Pfadfinderinnen ablegen müssen, mögen himmelweit entfernt sein von den qualvollen Prüfungen der Stammeskrieger, erfüllen aber die gleiche Funktion. Auf ähnliche Weise läßt der junge Student in Oxford eine Immatrikulationszeremonie über sich ergehen, die ihm unverständlich bleibt, sofern er nicht fließend Latein spricht, um danach in die unteren Ränge eines ganz besonderen »akademischen Stammes« aufgenommen zu werden.

Männer-Ordale

Neben rein symbolischen Riten gibt es in der modernen Gesellschaft noch immer Initiationsrituale von eher physischer Natur, zumal in rein männlichen Einrichtungen, wie zum Beispiel in Knabeninternaten und beim »Barras«. Trotz einer progressiven Pädagogik und veränderten offiziellen Einstellungen zu physischer Gewalt ist es in vielen britischen Schulen noch immer üblich, die »Neuen« vielerlei Demütigungen und Quälereien auszusetzen. Die alten Absolventen solcher Schulen blicken mit nostalgisch verklärtem Blick auf ihre Initiationserfahrung zurück und sprechen von »Charakterschulung«, »Treue«, »Manneszucht«. Solche Initiationspraktiken mögen heute nicht mehr so verbreitet sein wie früher — selbst der Schuldirektor von Eton berichtet, daß die Jungen heute längst nicht mehr so aggressiv miteinander umgehen wie früher —, aber es gibt sie noch, und sie haben noch heute die gleiche Funktion.

Die typischen Initiationsrituale der Schüler drehen sich um den Übergang des Novizen zur Adoleszenz. Man schmiert seine Hoden mit Stiefelwichse ein oder rasiert ihm die ersten Schamhaare ab. Kaum einem Absolventen einer reinen Knabenschule dürfte es erspart geblieben sein, daß man ihm die Hose heruntergerissen hat, um seine Geschlechtsteile zu entblößen. Das rituelle Auspeitschen der Neuankömmlinge, das in *Tom Brown's Schooldays* so lebhaft beschrieben wird, dürfte es heute nirgends mehr geben. Um so brutaler geht es dafür bei Initiationszeremonien zu, die in der modernen Armee gang und gäbe sind.

Enthüllungen jüngeren Datums über die »Coldstream Guards« (ein Garderegiment des britischen Königshauses) haben ans Licht gebracht, mit welchen Arten ritueller Gewalt neue Rekruten dieser Einheit empfangen werden. In einem Fall verbrannte man einem Novizen die Hoden mit einem Lötkolben; danach wickelte man ihn in eine Matratze, schlug mehrfach brutal auf ihn ein und warf ihn schließlich aus einem Fenster auf das 4,5 Meter tiefer gelegene Pflaster. Manche Rekruten wurden anal vergewaltigt, andere zwang man, Urin zu trinken. Ehemalige Angehörige anderer Regimenter haben von ähnlichen Ritualen berichtet, und es steht fest, daß es bei solchen Gelegenheiten auch schon zu ernsthaften Verletzungen gekommen ist.

Die Reaktion der Öffentlichkeit auf Leute, die über Einzelheiten solcher Initiationsriten berichten, ist gemischt. Manche sind dafür, solche »erniedrigenden« und gefährlichen Praktiken sofort zu unterbinden. Sie sind der Ansicht, daß solche halb-legalen Mißhandlungen weder innerhalb noch außerhalb der Armee geduldet werden dürften. Für andere wieder sind diejenigen, die ihre Kameraden »verpfiffen« haben, »Feiglinge« und »Waschlappen«. Ein richtiger Mann muß imstande sein, eine Bestrafung zu ertragen, ohne gleich zu seinen Vorgesetzten zu laufen. Wer einen kleinen »Spaß« unter Männern nicht verträgt, ist in der Armee fehl am Platze.

Diese krassen Meinungsunterschiede zeigen, daß in den westlichen Gesellschaften nicht nur die mit Initiationsriten verbundene Gewalt immer kritischer beurteilt wird, sondern auch das Stammesdenken und die Art der Bindung an den Stamm selbst zunehmend problematisiert werden. Wenn man von einer Gruppe sagt, sie verhalte sich »cliquenhaft« oder »elitär«, ist das im Prinzip eine abwertende Äußerung. Der Umstand, daß es gerade diese traditionellen Aufnahmerituale sein sollen, die in der Gruppe ein hohes Maß an kollektiver Identität stiften, ist für Außenstehende schockierend. Aber gerade weil es in den modernen »Normalkulturen« keine markanten Übergänge zwischen den einzelnen Statusebenen mehr gibt, wissen so viele Menschen nicht mehr sicher, welche Rolle sie in ihrer Gesellschaft spielen sollen. So ist das »Trauma« der Adoleszenz ebenso

Gehorsam der rechtmäßigen Obrigkeit gegenüber ist ein wesentliches Merkmal in Stammesgruppen. Durch die Unterdrückung von Individualität und den Aufbau von Gruppenloyalitäten sorgt der Offizier dafür, daß seine Botschaft ein aufnahmewilliges Publikum findet.

Doppelseite 44—45
Das jährliche Pokalfinale des Britischen Fußballbundes in Wembley ist der Höhepunkt des englischen Fußballjahres. Jetzt ziehen die Fans auf den Tribünen alle Register, um ihre Stammesloyalität unter Beweis zu stellen. Den scheinbar chaotischen Verhaltensmustern bei Fußballspielen wohnt oft eine sehr genaue, sich an Hierarchien, Rollenpositionen und sozialen Regeln orientierende soziale Ordnung inne.

sehr auf das undefinierte Zwischenstadium zwischen der Rolle des Kindes und der des Erwachsenen zurückzuführen wie auf die rasche Entwicklung der Geschlechtsreife in diesen Jahren.

Bei Männern zeichnet sich die Adoleszenz durch die drastisch erhöhte Produktion des körpereigenen Sexualhormons Testosteron aus. Das ist die chemische Substanz, die für den Wuchs der Hoden sowie für die Ausbildung der sekundären Geschlechtsmerkmale wie Scham- und Gesichtsbehaarung verantwortlich ist, aber auch eine gesteigerte Aggressivität bewirkt. Möglicherweise konnten sich Initiationsrituale darum herausbilden und halten, weil sie diese überschüssige Energie beim jungen Mann zügelten und in gesellschaftlich akzeptable Bahnen lenkten. Durch eine derartige Prozedur konnten die Stammesältesten das Potential an Widersetzlichkeit bei den jüngeren Stammesgenossen bändigen und sich deren Treue und Gehorsam sichern.

In den meisten modernen Kulturen würde eine solche Unterdrückung der jugendlichen Energie und Protesthaltung fehl am Platze wirken. So sind die scheinbar grausamen Rituale aus unseren »normalen« Kulturen zwar mehr oder weniger verschwunden, es ist aber auch kaum etwas Adäquates an ihre Stelle getreten. Angesichts solcher Orientierungs- und Bindungslosigkeit haben sich neue Formen der Initiation auf subkultureller Ebene herausgebildet. So verdeutlichen die »fraternities« bzw. »sororities«, Verbindungen der männlichen bzw. weiblichen Hochschulstudenten in den USA, das Bedürfnis des Menschen nach Stammesbindungen in einer kritischen Lebensphase, und nicht zufällig ist die Initiation in eine derartige geschlossene Gesellschaft für viele Studenten das bedeutsamste Ereignis ihres ganzen Studiums.

Jugendbanden

Einige Jugendkulturen haben eigene Initiationsriten entwickelt, freilich oft und unleugbar erst im Gefolge der Legendenbildung rühriger Medien. Bei manchen Straßenbanden in den USA müssen potentielle Mitglieder zuerst zeigen, aus welchem Holz sie geschnitzt sind, bevor sie in den Stamm aufgenommen werden. Häufig wird dabei nur das Begehen einer relativ geringfügigen Straftat verlangt: Das neue Mitglied wird an die Gruppe gebunden, indem man es zur Mitwirkung an gesetzwidrigen Handlungen zwingt. In anderen Fällen wird das neue Mitglied erst dann als »Bruder« akzeptiert, wenn es sein Blut mit dem seiner Gefährten gemischt hat. Dies geschieht für gewöhnlich durch einen kleinen Schnitt in die Hand, der allerdings große symbolische Bedeutung hat. Bei den Hell's Angels sollen die Initiationstests härter sein; so muß der Novize angeblich einer lebenden Taube oder einem Huhn den Kopf abbeißen.

Doch das sind Ausnahmen, die die Regel bestätigen. Meistens bringen junge Leute ihre Zugehörigkeit zu einer Subkultur einfach dadurch zum Ausdruck, daß sie sich entsprechend kleiden, bestimmte Formen des Körperschmuckes übernehmen, sich die für ihren Stamm typischen Werte und Einstellungen zueigen machen und sich insgesamt seinem Stil anpassen. Und auch wenn heute die schmerzhaften Prüfungen einer Initiation im eigentlichen Sinne fehlen, gibt es in alternativen Jugendkulturen doch auch den geregelten Übergang von einem Status zum nächsthöheren. Diese »Karriere«-Struktur zeigt sich besonders deutlich bei der britischen Fußball-Subkultur und bei amerikanischen Straßenbanden.

Die Stammeskultur der britischen Fußballfans hat manches mit der der Straßenbanden in den USA gemein. Die Fußballkultur bietet einen Gesamtrahmen für die verschiedenen Fan-Gruppen von einzelnen Mannschaften. Alle Fußballfans, gleichgültig ob aus Liverpool, Birmingham oder woher immer, kleiden und verhalten sich im Prinzip ähnlich und fühlen sich generell den gleichen Werten und Einstellungen verbunden. Doch geraten die einzelnen Stämme hin und wieder miteinander in Konflikt, und zwar immer dann, wenn sich deren Mannschaften auf dem Fußballfeld gegenüberstehen. Ähnlich ist es bei den amerikanischen Jugendbanden. Sie haben zwar im Prinzip einen ähnlichen Hintergrund, und doch verteidigt jede Bande, bis zum äußersten entschlossen, ihr ureigenes Revier.

Jugendbanden sind, unverkennbar, hierarchisch geordnet, und ihre höchsten Mitglieder tragen Titel wie »President«, »Vice-President«, »Armourer« (Zeugmeister) usw. Der »Stamm« der Fußballfans ist demgegenüber viel lockerer strukturiert, was z.T. damit zusammenhängt, daß sich seine Mitglieder für gewöhnlich nur einmal in der Woche in ihrem »Revier« in den Stadionrängen treffen. Bei näherem Hinsehen zeigt sich jedoch, daß auch dieser Stamm eine klare soziale Gliederung besitzt, wobei im wesentlichen drei altersgruppenabhängige Stufen zu unterscheiden sind.

Im allgemeinen stößt der Fußballfan im Alter von neun bis elf Jahren zu dieser alternativen Kultur. Da die Kinder in diesem Alter noch klein sind, sitzen sie auf den vordersten Rängen in den Kurven hinter den Toren, damit ihnen die Größeren nicht die Sicht auf das Spielgeschehen verstellen. Aber das Geschehen auf dem Platz ist für sie häufig gar nicht von vorrangigem Interesse: Manche drehen sich auch oft zu den hinteren Rängen um und beobachten genau, was die »größeren« Jungen da oben so treiben.

Diese »Novizen« im Stamm der Fans befinden sich in einem Prozeß sozialen Lernens; sie eignen sich die rituellen Gesänge und Rufe an und lernen, wann der richtige Zeitpunkt ist, sie anzustimmen. Der Stil ihres non-verbalen Verhaltens — Körperhaltung, Gesichtsausdruck und Gestik — verändert sich nach und nach und paßt sich ihrer Umgebung an. Darüber hinaus verinnerlichen sie im Laufe der Zeit die Einstellungen und Ideen, die sie an ihren älteren Rollenvorbildern bemerken.

Das »Noviziat« dauert drei bis vier Jahre und endet damit, daß dem jungen Fan ein anderer Platz auf den Rängen zugewiesen und er in das Hauptkontingent der brüllenden Fans aufgenommen wird. Dies geschieht für gewöhnlich zu Beginn einer neuen Spielzeit und markiert den Übergang vom Status des »Kleinen« zu dem »eines der Boys«. Die Hauptgruppe, zu der er nun gestoßen ist, bildet im wesentlichen den harten Kern der Fußballkultur. Die Leute, aus denen dieser Kern sich zusammensetzt, werden in den Massenmedien gern mit Wörtern wie »Rabauken«, »Vandalen« oder »Hooligans« bedacht. Neutraler ist vielleicht der Ausdruck »Rowdies« (im britischen Sinne von »Krakeeler, Radaubruder« — A. d. Ü.), der ihre typischen Verhaltensmuster besser trifft.

Wer von seinem Stamm als »Rowdy« akzeptiert wird, hat eine neue, höhere Stufe erklommen. Jetzt sind ständige Beweise der Treue und Anhänglichkeit an die Mannschaft gefragt, die der Stamm unterstützt. Anders gesinnte Fans sind rituell zu verunglimpfen, außerdem wird ein Mindestmaß an Mut erwartet. Ein Rowdy darf einem Zusammenstoß mit feindlichen Fans nicht ausweichen, sollte jedoch möglichst auch zu vermeiden suchen, daß die Polizei aufmerksam wird oder Gewalttätigkeiten so ausarten, daß ernsthafte Verletzungen die Folge sind. Um seine Karriereambitionen innerhalb des Stammes anzustacheln, gibt es eine Reihe inoffizieller Positionen, die er anstreben kann.

Die meisten Stämme von Fußballfans haben Anführer, die als solche erkennbar, wenn auch nicht formell gewählt sind, und ganz unterschiedliche Aufgaben erfüllen: »Chant Leaders« (»Vorsänger«) z.B., deren Aufgabe darin besteht, während des Spiels »an den richtigen Stellen« Schlachtrufe und -gesänge anzustimmen. Das klingt nicht besonders schwierig, ist aber mit gewissen Risiken verbunden. Wirft ein Fan die Arme in die Luft und brüllt die ersten Worte eines Schlachtgesangs, nur um feststellen zu müssen, daß niemand Lust hat mitzusingen, erleidet er einen peinlichen Gesichtsverlust. Der »Chant Leader« muß sich daher auf seine »Umgebung« verlassen können und die subtilen Regeln beim Einsatz von Schlachtrufen und -gesängen kennen.

»Aggro Leaders« sind Raufbolde, die die Schlägereien auf und vor dem Fußballplatz inszenieren. Innerhalb der Stadien spielen sie heute aufgrund der verschärften Sicherheitsmaßnahmen nur mehr eine minimale Rolle, doch gibt es sowohl vor dem Stadion als auch auf der Fahrt zu Auswärtsspielen Gelegenheit zu kleineren Plänkeleien. Die hierbei verübten Gewalttätigkeiten haben jedoch ausgesprochenen Stammescharakter, so daß die Auseinandersetzungen relativ unblutig verlaufen. (Mehr darüber im Kapitel »Aggression und Krieg«.)

Andere wesentliche Funktionen im Fußballstamm nehmen die »Organisatoren« unterschiedlicher Ausprägung ein. Diese Fans sind dafür zuständig, Reisen zu Auswärtsspielen zu arrangieren, den Kontakt zu Funktionären »ihres« Klubs zu halten, Informationen weiterzuleiten und überhaupt für den Gruppenzusammenhalt zu sorgen. Eine Position besonderer Art nimmt der »Nutter« oder »Headbanger« (Spinner) ein. Diese Leute stehen im Ruf, nicht ganz richtig im Kopf zu sein und Dinge zu tun, die kein vernünftiger Fan jemals tun würde. Sie sind Abweichler innerhalb der eigenen Kultur, werden aber von den anderen toleriert, weil sie eine nützliche Funktion erfüllen: Indem sie die ungeschriebenen Gesetze des Stammes brechen, erinnern sie die anderen an deren Existenz. Auch sorgen sie, ebenso wie offiziell geduldete Hofnarren und Clowns, für Unterhaltung. Zwar könnten sie im Prinzip sich und ihrer Gruppe gefährlich werden, indem sie zum Beispiel eine Übermacht rivalisierender Fans provozieren, aber im allgemeinen werden sie von ihren Stammesgenossen daran gehindert, den Bogen zu überspannen.

Auf dieser Ebene des Rowdy-Status entfaltet der Fan die eifrigsten Aktivitäten. Wie sein Pendant in der traditionellen afrikanischen Kultur, neigt er in dieser Phase am ehesten dazu, seine Kampfbereitschaft unter Beweis zu stellen und Stammeskleidung und -insignien am ungeniertesten zur Schau zu tragen. Aber Treue und Verbundenheit über einen langen Zeitraum derart zu demonstrieren ist schwer: Schließlich muß der junge Fan auch an andere Dinge denken, muß Arbeit finden und heiraten. Dazu kommt das Problem, daß die typischen Fan-Aktivitäten die Beteiligten oft in unliebsamen Kontakt mit der Polizei bringen, die bestrebt ist, derlei »Stammesritualen« einen Riegel vorzuschieben. Aus Gründen dieser Art gibt es in der Fußballkultur noch eine weitere Übergangsphase — zu einer dritten Stufe. Hat jemand erst einmal seinen Ruf als »Rowdy« nachhaltig gefestigt, ist er künftig von einigen der riskanteren Verpflichtungen des Rowdys entbunden und wird zum »Graduate« (Graduierten).

Es mag etwas merkwürdig anmuten, bei Fußballfans von »Graduierung« — oder Promovierung — zu sprechen, doch ist der Ausdruck ganz treffend. Die Fans haben auf ihre Art Vorlesungen besucht und Seminararbeiten geschrieben. Sie sind von Altersgenossen und von Älteren geprüft worden und ruhen sich nun ein wenig auf ihren Lorbeeren aus. Doch bleiben sie fest in den Stamm integriert, wo sie nun die Rolle der abgeklärten Weisen spielen, deren Engagement und Einfluß aber ungebrochen sind. Sie beteiligen sich jetzt zwar nur noch selten an den Schlachtgesängen oder an rituellen Beleidigungen und Herausforderungen; das überlassen sie den Jungen. Sie sitzen vielleicht sogar an einer Stelle des Stadions, die nicht zum traditionellen Revier ihres Stammes gehört. Trotzdem sind sie, wie die Stammesältesten in traditionellen Gesellschaften, Hüter ihrer Kultur.

Übergangsstadien wie in den Fußballstämmen finden sich auch in anderen Jugendkulturen. Es gibt kaum spezifische Riten, und die Regeln sind selten irgendwie fixiert, aber der Grundprozeß ist deutlich erkennbar und bietet allen, die Selbstwertgefühl durch das sukzessive Durchschreiten und Erreichen von Statusstufen vor den Augen Gleichrangiger suchen, die besonderen Vorteile einer Stammeszugehörigkeit.

In stärker strukturierten Verbänden sind die Übergangspunkte deutlicher markiert. So gibt es bei den Pfadfindern sowohl altersspezifische als auch statusbezogene Karriereetappen. Der Übergang vom »Wölfling« zum richtigen Pfadfinder vollzieht sich in einem bestimmten Alter. Von nun an stehen dem jungen Pfadfinder gewisse Rollenpositionen offen — z.B. kann er Scharführer werden —, und denen, die sich besonders verdient gemacht haben, winken Ehrungen in Form von Abzeichen und Insignien. Die Rolle des einzelnen in den Ritualen dieses Stammes hängt — ganz wie in traditionellen Kulturen — jeweils von der Position des Betreffenden ab. Die Zeremonien am Lagerfeuer verraten die Sehnsucht nach Rückkehr zu einer früheren Lebensform, die Status verrät und Respekt heischt.

In den Stämmen Erwachsener werden Übergangsriten häufig durch besondere Preisverleihungen oder durch Beförderung auf besondere Positionen markiert. Selbst das bescheidenste Kaffeekränzchen schafft sich eine soziale Struktur, in der die Rolle jedes einzelnen klar umrissen und definiert ist. Solche Mini-Bürokratien verstärken die kollektive Identität, indem sie dem Stamm einerseits eine innere Struktur verleihen und in seiner Mitte andererseits individuelle Persönlichkeiten gedeihen lassen. So sind die Verleihung des Oscars und die Verleihung der britischen Adelswürde in gleicher Weise Ausdruck von Stammesverhalten.

3 | KENNZEICHEN VON STAMMESTREUE

Traditionelle Kleidung

In modernen Gesellschaften bekommt man die »traditionelle« Form von Kleidung, die »Volkstracht«, im Alltag nur noch selten zu Gesicht. Trachten werden bei bestimmten »Volksfesten« oder an besonderen Jahrestagen getragen, damit die Zuschauer in Nostalgie und in dem Bewußtsein des gemeinsamen kulturellen Erbes schwelgen können. Häufiger noch wird die Volkstracht (oder was man dafür hält) als Touristenattraktion mißbraucht. In den österreichischen Zentren des Massentourismus werfen sich örtliche Handwerker und Angestellte am Abend in ihre schlecht sitzende Krachlederne und geben in der Diskothek unter Schenkelschlagen und Gejodel ihre »Schuhplattler« zum besten. Bei »Flamenco«-Abenden an der Costa del Sol wird den braungebrannten, Bier schlürfenden Touristen ein Zerrbild spanischer Tracht präsentiert. Vermutlich kann man erst bei einer Teezeremonie im Bergland von Tokio Wert und Würde einer wirklich einheimischen, sinnvollen Tracht in ihrer angestammten Umgebung ermessen; aber solche Gelegenheiten sind selten.

Früher zeigte die traditionelle Tracht die Zugehörigkeit ihres Trägers zu einer bestimmten Kulturgruppe und häufig auch seinen Rang in der Gemeinschaft an, bot nicht nur Schutz vor Hitze und Kälte, Wind und Wetter, sondern stand auch

Rechts
Die »Bruderschaft« der Mädchen findet beredten Ausdruck in diesem brasilianischen Stammestanz zu Ehren und zum Gedächtnis der Amazonasfrauen.

Gegenüber
Zwei kleine Mädchen und ein Junge in Nambicuara bei der Einübung ihrer späteren Rollen. Der Bub ist zwar »am kleinsten«, trägt aber bereits den Kopfschmuck des Häuptlings und erwartet von seinen weiblichen Spielgefährten untertänige Beachtung.

In den großen Religionsgemeinschaften der modernen Welt haben Kleidung und zeremonielle Tracht einen ebenso großen Stellenwert wie in traditionellen Stammeskulturen. Das sieht man hier beim Besuch von Papst Johannes Paul II. in Neu-Guinea.

im Dienste der Züchtigkeit, insofern sie sexuelle Signale verbarg; aber auch diese Funktion war eher nebensächlich. Die Hauptaufgabe der Tracht war kommunikativer Art. Sie signalisierte Stammeszugehörigkeit.

In traditionellen Kulturen — zumal der subtropischen Zonen — wird im Alltagsleben oft nur ein Minimum an Kleidung getragen; die Stammeszugehörigkeit wird meistens durch Körperschmuck und Körperdeformationen angezeigt. Doch findet man kaum einen Stamm, der nicht seinen eigenen, typischen Kopfputz oder seine eigene zeremonielle Tracht hätte. Die rasch aussterbenden Buschleute der Kalahari in Südwestafrika tragen kaum etwas anderes als Lendenschurz und Mantel aus Leder, aber trotz ihres harten Daseins — man bezeichnet sie gern als die »primitivste« Kultur der Erde — kennen sie kulturspezifische Kombinationen aus aufgereihten Straußeneiperlen, die kunstvoll ins Haar geflochten oder um Arme und Fesseln geschlungen werden.

Bei den Dani auf Neu-Guinea trägt man eine ähnlich rudimentäre Kleidung; die Schmucktracht des Mannes besteht in der Hauptsache aus bestimmten Federn und Kaurimuscheln. Auf die Herrichtung dieses Schmuckes wird oft viel Zeit verwendet, doch fällt das Ergebnis trotzdem bescheiden aus, da der Arbeit nicht die gleiche Kunstfertigkeit zugrunde liegt, wie man sie beispielsweise vom typischen Kopfschmuck mancher nordamerikanischer Indianerkulturen kennt. Bei den Dani-Männern stehen sozialer Status und Körperschmuck in einem umgekehrt proportionalen Verhältnis zueinander: Diejenigen, die am einflußreichsten sind, tragen kaum mehr als Armbänder und eine Halskette aus Gras. Macht ist, wenn man es nicht mehr nötig hat, anderen mit ostentativem Schmuck zu imponieren.

Auf Fremde mag dieser unorthodoxe Zusammenhang zwischen Kleidung und Autorität irritierend wirken. Aber auch die Dani drücken ihre Machtverhältnisse in einer Weise aus, die auf der ganzen Welt verstanden wird: je »auffälliger« die Kleidung, desto höher der Status des Betreffenden. Nur ist bei den Dani eben die Unauffälligkeit der Kleidung das Auffällige.

In Gegenden, wo aus klimatischen Gründen eine züchtige Hülle nicht genügt, können Stammeskulturen weit aufwendigere Kleidung zur Schau stellen. Die Nachfahren der einst stolzen und mächtigen Inka in Südamerika halten sich heute mehr recht als schlecht mit Ackerbau und Viehzucht in den unwirtlichen Anden über Wasser, aber sie lassen auch im Elend nicht ab von ihren kunstvoll gewobenen Schals, bestickten Ponchos und gestrickten Mützen. Die dabei verwendeten Muster sind Jahrtausende alt und bilden heute einen wesentlichen Teil des kulturellen Erbes der Inka, den sie so vor dem Untergang bewahren.

Die Tuareg waren einst Nomaden in der mittleren und südlichen Sahara. Heute sind sie zum größten Teil seßhaft geworden und leben im Sudan und anderswo am Rande der großen Wüste. Sie sind eine hellhäutige, von den Berbern abstammende Rasse und haben eine besonders auffällige Tracht, die sie allem unvermeidlichen Akkulturationsdruck zum Trotz noch immer tragen. Das *litham* des Mannes besteht aus einem drei Meter langen Tuch, das um Kopf und Gesicht geschlungen wird und eine Mischung aus Turban und Schleier darstellt. Es bietet willkommenen Schutz gegen Sonne und Wüstensand, doch dient es auch als Stammeskennzeichen und verrät überdies Status und Reife seines Trägers. Frauen und Jugendliche dürfen keinen *litham* tragen. Bei erwachsenen Männern mit hö-

Die Lehmhauben dieser kenianischen Mädchen symbolisieren in ihrer Kultur das Studium des Übergangs. Die Mädchen sind im heiratsfähigen Alter, aber die Lehmhauben werden erst entfernt, wenn die jungen Frauen auch offiziell »unter die Haube gekommen«, d. h. verlobt sind.

herem Status ist der *litham* schwarz oder indigofarben, bei Leuten geringeren Standes weiß und unverziert.

Ein ähnlich bedeutsamer Kopfschmuck ist der Turban der Sikhs. Seine überragende kulturelle Bedeutung kommt darin zum Ausdruck, daß die Punjabis ihn auch dann noch tragen, wenn sie in westliche Länder ausgewandert sind. Dieses einfache Kleidungsstück hat einen so hohen symbolischen Wert, daß es in Großbritannien zu vehementen Protesten der dort ansässigen Sikhs kam, als die Regierung die Sturzhelmpflicht für Motorradfahrer einführen wollte: Ein Sikh, so hieß es, könne nicht Sturzhelm und Turban gleichzeitig tragen, und deshalb sei das Gesetz rassisch diskriminierend. Die Sikhs betonten, daß das Tragen dieses Kopfschmuckes für sie ein wesentliches Element ihrer Religion darstelle; in Wirklichkeit saß der Unmut tiefer: Wie wir gesehen haben, sind religiöse Lehren oft ausschlaggebend für die Aufrechterhaltung der Stammesbindungen und der Stammesidentität.

Auch das unverwechselbare Aussehen der chassidischen Juden wird von religiösen Diktaten bestimmt. Ohne Rücksicht auf Klima und Himmelsstrich halten die Chassidim überall, wo sie leben, an derselben Tracht fest. Ob in Brooklyn, Amsterdam oder Tel Aviv, die Frauen tragen traditionelle schwarze Kleider, während die Männer sich niemals ohne langen Mantel und *Streiml*-Hut zeigen. Besonders Strenggläubige tragen ein Pelzband um den Hut. Der Witz dabei ist, daß diese Tracht ganz und gar nicht alt, sondern relativ modernen Ursprungs ist. Sie basiert auf der Kleidung der Juden, die im 18. Jahrhundert in Polen getragen wurde, der Heimat vieler Chassidim. Dieser Kleidungsstil soll also nicht die Verbundenheit mit dem talmudischen Gesetz dokumentieren, sondern eine (manch-

Oben
Bindungen und Solidarität des orthodoxen Juden verraten seine traditionelle Barttracht und seine Kleidung, an denen sofort seine religiöse und kulturelle Verwurzelung zu erkennen sind.

Gegenüber
Traditionelle Turbane der Tuareg-Männer.

55

mal etwas widersprüchlich wirkende) Aussage über die Zugehörigkeit zu einer bestimmten Kulturgruppe machen.

Ein anderes Beispiel für eine scheinbar traditionelle Stammeskleidung, die in Wahrheit jedoch relativ modernen Datums ist. bietet der schottische *kilt*. Der *feilidh beag*, das rockartige Kleidungsstück der schottischen Hochlandbewohner, ist kaum älter als 250 Jahre. Vor 1725 trugen die wohlhabenderen Schotten lange Hosen oder Kniehosen mit Gürtel; die Armen hingegen begnügten sich mit einem Hemd, das wenigstens lang genug war, um die Oberschenkel zu bedecken.

Noch jüngeren Datums ist der Tartan, der bei Menschen mit Hochlandabstammung in so hohem Ansehen steht. Wir wissen, daß Stoffe mit gewebtem Karomuster von den Schotten schon mindestens 1440 getragen wurden, doch dienten sie ursprünglich nicht zur Unterscheidung der einzelnen Clans. So finden sich beispielsweise in historischen Berichten über die Schlacht von Culloden (bei Inverness in Nord-Schottland) im Jahre 1745 keinerlei Hinweise auf irgendwelche unterscheidende Tartans; vielmehr war die Clanzugehörigkeit eines Mannes nur an der Farbe und Form seiner Mütze feststellbar.

Erst gegen Ende des 18. Jahrhunderts bekamen die Tartans eine gewisse heraldische Bedeutung. Muster und Farbe der Stoffe wurden standardisiert und damit schließlich zum Ausgangspunkt für Clan-Insignien. Gerade diese relativ modernen Stammeskennzeichen aber sind es, womit die heutigen Schotten nostalgisch ihr kulturelles Erbe verbrämen. Schotten, die es nach Bombay verschlagen hat, tragen dort im großen »Taj Hotel« die Farben der Campbells und Macdonalds, der Frasers und Robertsons, um ihre kulturelle Identität zur Schau zu stellen. Ge-

Typisches Kennzeichen der Amish in den USA ist ein schlichtes, puritanisches Gewand, das sehr unmodern wirkt. Es soll die Bande zwischen den Angehörigen dieser Gemeinschaft festigen und ihre Verbundenheit mit einem bestimmten Wertesystem signalisieren.

denkfeiern für Robert Burns (den schottischen Nationaldichter), ob in Melbourne oder in New York, bieten ebenfalls Gelegenheit, sich in der vielgeliebten Tracht zu zeigen.

Moderne Kleidung

Der Grundsatz, daß Kleidung und Tracht eines Menschen von seiner Treue zum Stamm künden, gilt ohne Frage dort, wo eindeutig ethnische oder religiöse Hintergründe vorliegen. Wie steht es aber mit jenen Menschen, die sich zur »normalen« modernen Gesellschaft zählen? Inwieweit verraten bei ihnen Kleidung und Accessoires etwas über ihre Stammesverbundenheit und ihre soziale Identität?

Deyan Sudjic hat in seinem amüsanten Buch *Cult Objects* (»Kultobjekte«) sehr treffend die Rolle der Kleidung in der modernen Gesellschaft beschrieben:

> Die Kleidung soll nicht nur Reichtum und Status demonstrieren, sondern auch Stammesverbundenheit: Sie soll uns ein Gefühl von Zugehörigkeit vermitteln, bisweilen jedoch auch — und das ist dann noch wichtiger — ein Gefühl von Nichtzugehörigkeit. Das gilt für den konservativen Banker im maßgeschneiderten Anzug, mit Aufschlägen und abnehmbarem Kragen, ebenso wie für den »lässigen« Teenager aus Süd-London mit seinem aus Italien importierten »Sport-Outfit«, der viel zu teuer für den Sportplatz ist, aber dafür in schreienden Farben leuchtet. Dieser Outfit ist ganz nach dem Grundsatz der »Lesbarkeit« gestaltet: an jedem Hosenbein die richtige Zahl von Streifen, auf dem Polohemd das Wappen, auf den Jogging-Schuhen den Firmennamen. Banker und Teenager mögen nicht viel miteinander gemein haben, doch beide gebrauchen ihre Kleidung dazu, der Welt eine bestimmte Botschaft über sich selbst zu vermitteln. Und vermittelt wird diese Botschaft durch Kultobjekte wie etwa den Trenchcoat.

In den meisten Fällen diktieren die Mode und kurzlebige Stilvorstellungen die Bandbreite dessen, was als akzeptable Kleidung gilt. Innerhalb dieser Bandbreite aber trifft jedes Individuum seine Entscheidungen selbst. Mit der Wahl eines bestimmten Jacketts oder Kleides machen die Menschen eine ganz spezifische Aussage über sich. Sie demonstrieren ihre Individualität, deuten aber gleichzeitig auch an, inwieweit sie zu anderen Gruppen von Individuen gehören. Die Alltags-

Unterschiedliche Stile traditioneller Kleidung, die vielleicht ihrer unterschiedlichen Rolle in der jeweiligen Kultur entsprechen. *Oben:* Frauen eines Dorfes in Guatemala; *rechts:* die fast völlig verhüllten Gesichter und Leiber verschleierter iranischer Frauen.

kleidung ist in einem sehr realen Sinn eine unverwechselbare Uniform, die anderen Menschen wichtige Aufschlüsse über die Identität ihres Trägers vermittelt.

Das gilt nirgends so sehr wie in der Welt des Unternehmertums und der Hochfinanz. Die traditionelle Melone des englischen »city gent« mag auf dem Rückzug sein, aber der dunkle Anzug, die blitzblanken Schuhe, das langweilige Oberhemd und die Krawatte einer Eliteschule sprechen Bände: Dieser Mann gehört zu den »Elders«, den besseren Kreisen des Stammes der City of London — eines Stammes, der sich Tag für Tag in seine modernen Jagdgründe stürzt, nämlich die Bankinstitute in der geheiligten Quadratmeile der City of London. Seinen Rang als »Elder«, »Stammesältester« erkennt man daran, daß er sich in seinem Kleidungsstil von seinen jüngeren Rivalen unterscheidet. Die neue Generation der superreichen britischen »Macher« markiert ihre Nische im computerisierten Aktienmarkt durch eine Kleidung, die einerseits zu ihrer trockenen und verantwortungsvollen Arbeit paßt, gleichzeitig aber Jugendlichkeit, Reichtum und »Lebensstil« ausstrahlen soll. Die Anzüge sind heller und enger tailliert, die Schuhe sind von Gucci, die Krawatten aus Seide; die ganze Aufmachung paßt bestens zum Porsche oder zum BMW — zwei weiteren Emblemen dieses modernen Stammes. In den meisten Hauptstädten der Erde finden sich ähnliche Muster. Die Details des Geschäftsanzuges mögen differieren, bis zu einem gewissen Grade hängen sie auch vom Klima und dem nationalen Temperament ab, aber die Uniformen sind doch schnell als solche zu erkennen, sei es in Tokio, Buenos Aires oder in der New Yorker Wall Street.

Diese erkennbare Uniformierung ist auch in anderen Berufen zu beobachten. Die verschiedenen Stämme von Universitätsdozenten in den meisten modernen Gesellschaften geben sich große Mühe, genau das rechte Maß an affektierter Saloppheit zu treffen. Sich teuer und elegant zu kleiden gilt als Verstoß gegen ein ungeschriebenes Stammesgesetz, welches besagt, daß man in einem Anzug von

Pierre Cardin kein ernstzunehmender Intellektueller sein kann. Angebracht erscheint hingegen ein Tweedjackett, womöglich mit Lederherzen an den Ellbogen. Selbst in den USA, wo die Dozenten sich ihres guten Gehaltes weniger schämen als anderswo, ist es den Professoren beiderlei Geschlechts für gewöhnlich peinlich, sich mit jener modischen Raffinesse zu kleiden, die ebenso gut verdienende Leute aus anderen Berufen für selbstverständlich halten würden. Dieses umgekehrte Verhältnis zwischen beruflichem Erfolg und Kleidungsniveau ist auch in manchen freien Berufen zu beobachten, so beispielsweise im Verlagswesen.

Freilich gehören Geschäftsleute und Universitätsdozenten recht diffusen Stämmen an, weswegen es manchmal schwer sein mag, sie allein an ihrer Kleidung zu erkennen. Wo jedoch eine moderne Stammesgruppe konturierter ist, fällt auch gleich die Einheitlichkeit in der Kleidung der Stammesangehörigen auf. Wenn Angehörige der britischen Oberschichten ihren Freizeitvergnügungen nachgehen, sind sie genauso unverwechselbar uniformiert wie Polizisten. Man sehe nur die »Kreissägen« und gestreiften Blazer bei der jährlichen Themse-Regatta in Henley. Der »Dress« der Privilegierten ist ebenso Sinnbild für Macht und Herrschaft wie die symbolische Stammestracht eines afrikanischen Häuptlings.

Die Kleidung der Jugendkultur

In den Subkulturen der Jugend erhält die Kleidung eine noch spezifischere Bedeutung, auch wenn die von ihr ausgehende Botschaft für Außenstehende der jeweiligen Wirtskultur nicht immer verständlich sein mag. Die Hell's Angels in Großbritannien und in den USA etwa pflegen nicht nur einen Kleidungsstil, der sie eindeutig als solche identifiziert, sondern schmücken ihre Kleidung auch mit Symbolen, die nur von anderen Stammesangehörigen zu verstehen sind. Die Klei-

Die Ausgehuniform des besseren Londoner Geschäftsmannes (»City Gent«).

Rechts
Dieser amerikanische Anwalt weiß durch Kleidung und Frisur seine Verbundenheit mit der modernen Gesellschaft und zugleich mit seinem heimatlichen Indianerstamm zu signalisieren.

dung besteht aus »Levi Jackets« mit abgeschnittenen Ärmeln und Jeans mit ausgefransten Beinen. Auf der Rückseite der Jacke sind die »Farben« aufgenäht, d. h. Stoffabzeichen mit der Aufschrift »Hell's Angels«, und darunter der Name der Ortsgruppe, zu der der Betreffende gehört. Als weitere Insignien sind auf dem Jackenrücken Ziernägel, Eiserne Kreuze, Hakenkreuze und/oder noch andere »schockierende« Embleme angebracht.

Diese »Grundkleidung« ist leicht wiederzuerkennen und kann, in Verbindung mit einem schweren Motorrad, auf Außenstehende wohl einschüchternd wirken. Andere Details der Kleidung sind weniger leicht zu enträtseln. Ein Abzeichen mit der Aufschrift »SFFH« oder »13« sagt einem nichts, wenn man die Stammesbräuche der Hell's Angels nicht kennt. »SFFH« zum Beispiel steht für »stoned forever, forever happy« (»immer ›high‹, immer glücklich«) und die Zahl 13 für den 13. Buchstaben des Alphabets, nämlich »M« wie »Marihuana«. Noch rätselhafter ist vielleicht ein Aufnäher mit der simplen Aufschrift »1%«. Er bezieht sich auf eine Erklärung der American Motorcycle Association aus den sechziger Jahren, wonach 99 Prozent der amerikanischen Motorradfahrer rücksichtsvolle und vernünftige junge Verkehrsteilnehmer seien.

Die Mischung ausgesprochen kommunikativer Elemente in der Kleidung mit rätselhaften Details ist ein typisches Kennzeichen der Stammestracht. Diese verrät zum einen auf den ersten Blick die Sippenzugehörigkeit ihres Trägers. Zweitens stärkt sie dessen Verbundenheit mit anderen Angehörigen seines Kollektivs, indem sie verrät, daß er Kenntnis von Geheimbedeutungen hat, die Außenstehen-

Die traditionelle Stammestracht wird in Herero (Südwestafrika) vornehmlich von den Frauen getragen. Die Männer neigen eher zu westlicher Kleidung, weil sie nach ihrer Ansicht mehr »hermacht«.

Junge Aspiranten der englischen Jugendkultur. Diese drei Knaben im Alter
zwischen 10 und 13 Jahren verraten
ihre Verbundenheit mit den sogenannten
»Rudies« vor allem durch den Herrenhut.

den fremd sind. Der einzelne Hell's Angel will Außenstehende schockieren und
empören und sein Aggressionspotential unter Beweis stellen; vor allem aber will
er »einer von den Boys« sein.

Amerikanische Straßenbanden haben gewisse stilistische Neigungen mit den
Hell's Angels gemein, was nicht verwunderlich ist, da beide auf ein gemeinsames
Erbe zurückblicken. In New York und in den meisten anderen amerikanischen
Großstädten gibt es Straßenbanden mit imposanten Namen wie »Crazy Homicides« (Schräge Schläger), »Montauk Chestbreakers« (Knochenbrecher von Montauk) oder »Savage Riders«, die sich zwar in Einzelheiten ihrer »Farben« voneinander unterscheiden, deren Angehörige aber ausnahmslos als Bandenmitglieder
zu erkennen sind. Die Uniform besteht für gewöhnlich aus ausgefransten Leder-
oder Jeansjacken, die häufig mit Metallknöpfen besetzt sind und Namen und
Zeichen der Bande tragen. Die Muster sind mal mehr, mal weniger kompliziert;
die »schicksten« Banden lassen sie sich bereits vom Jackenhersteller einsticken.
Stirntücher sind gang und gäbe, zumal bei lateinamerikanischen Bandenmitglie-
dern, und auch schwere Schaftstiefel sind Standard.

Das aktive Bandenmitglied gehört einem Stamm an, der stolz auf sein kriegeri-
sches Potential ist. Die meisten Banden haben denn auch ihren eigenen Kriegs-
herrn, der die Aufgabe hat, reguläre Schlachten zwischen rivalisierenden Banden
zu organisieren. Die Stammestracht spiegelt in mancherlei Weise die kriegerischen
Qualitäten der Stammesangehörigen wider. Lederarmbänder mit scharf zugespitzten Metallnägeln verleihen ihrem Träger etwas entschieden Beängstigendes,

desgleichen die vom Gürtel herabhängenden Metallketten. Wer sich mit solchem »Zierat« schmückt, zieht natürlich die Aufmerksamkeit der Polizei sozusagen magnetisch auf sich, doch das nehmen die meisten Bandenmitglieder gerne in Kauf für ihre Gruppenzugehörigkeit in einer Welt, die sie weitgehend abgeschrieben hat.

Verglichen mit den Hell's Angels oder den »Crazy Homicides« ist das Erscheinungsbild des normalen britischen Fußballfans ziemlich unauffällig, ja oft nicht einmal irgendwie eigentümlich. Dennoch enthält auch seine Kleidung Elemente von besonderer symbolischer Bedeutung. Analysen von Fanreaktionen auf Personen, die unterschiedliche Kombinationen von Kleidungsstücken tragen, haben gezeigt, daß durch sie zwei verschiedenartige Botschaften übermittel werden: Die eine signalisiert Härte und »machismo« — die Kombination aus schweren Schaftstiefeln und einem dünnen Hemdchen, das auch mitten im Winter getragen wird, ist meist in diesem Sinne zu interpretieren. Auch eine Jeansjacke mit abgeschnittenen Ärmeln. Die Hauptbotschaft aber ist Anhänglichkeit an die Fußballmannschaft, die der Betreffende unterstützt, und damit an die anderen Fans dieser Mannschaft im Stadion. Man achte darauf, wie der Mannschafts-Schal getragen wird, besonders wenn dies auf unübliche Weise geschieht, etwa wenn der Schal aus Gründen der Bequemlichkeit oder der Wärme um das Handgelenk gewickelt wird. Wird die Fahne mit dem Emblem der eigenen Mannschaft um die Schultern getragen, anstatt geschwenkt zu werden, gilt dies ebenfalls als Zeichen der Anhänglichkeit und Treue zum Verein.

Viele Sozialwissenschaftler finden derartige Symbolisierungen der Stammestracht ziemlich willkürlich: Solange allen Stammesmitgliedern klar sei, was gewisse Arten der Kleidung bedeuten sollten, spiele es kaum eine Rolle, woraus sie im einzelnen bestünden. Wer so argumentiert, übersieht jedoch die auffallenden Parallelen zum Kostüm des modernen Fußballfans, die es bereits in der Antike gibt. Schon vor rund 2000 Jahren sah man bei den Wagenrennen im Römischen Reich stimmgewaltige Fangruppen, die ihre Mannschaften anfeuerten und unterstützten und ihre Verbundenheit mit ihnen auf ähnliche Weise demonstrierten wie heute die Fußballanhänger. Plinius d. J. mißversteht zwar im 1. Jahrhundert n. Chr. in einem Brief an seinen Freund Calvisius (IX, 6) nach typischer Intellektuellenart

Oben
Parade der »Charitans« in der Normandie. Jede Gruppe trägt die Fahne ihrer Organisation.

Links
Londoner East End: Sogenannte »Pearly Kings and Queens« im vollen Festornat.

Gegenüber und oben
Motorradfans bei ihrem Jahrestreffen in Black Hills (Süd-Dakota). Die Abzeichen und Aufnäher auf den Jacken haben in dieser Subkultur spezielle Bedeutung. Die bekannteste Motorradsubkultur sind die »Hell's Angels«, aber auch Christen sind aus der gemeinsamen Verehrung des selbstfahrenden Zweirades nicht ausgeschlossen.

Rechts
Bei der jährlich stattfindenden Henley-Regatta treffen sich die »Hooray Henries« der englischen Oberschicht, kenntlich an Kreissäge, Blazer und anderen Stammesinsignien, die ihren privilegierten Status verraten.

den Sinn derartiger Stammesaktivitäten, schildert zugleich aber sehr plastisch, welche Rolle die Kleidung in diesem besonders spektakulären Fall von Gruppenverbundenheit spielt. Zu den Wagenrennen im Circus Maximus meint Plinius:

> Nichts Neues, nichts Überraschendes, nichts, was ein einziges Mal gesehen zu haben nicht vollauf genügte. Um so mehr wundert es mich, daß so viele tausend erwachsene Männer so kindisch sind, immer wieder galoppierende Pferde und auf ihren Rennwagen stehende Lenker sehen zu wollen. Wenn sie wenigstens durch die Schnelligkeit der Pferde oder die Geschicklichkeit der Lenker angezogen würden, gäbe das noch eine Spur von Sinn; jetzt aber klatschen sie für die Mannschaftskleidung, die Mannschaftskleidung lieben sie, und wenn direkt im Lauf und mitten im Wettkampf die Farbe dorthin, jene hierher getauscht würde, dann wechselte ihre Begeisterung und ihr Beifall mit ... Solches Ansehen, solches Gewicht besitzt ein billiges Hemd, und zwar nicht nur beim Pöbel, der ja noch billiger ist als ein Hemd, sondern auch bei einigen honorigen Männern ...

Das »billige Hemd« war in Wirklichkeit das Erkennungszeichen für die Anhänger der verschiedenen Parteien im Zirkus. Die großen Mannschaften von Wagenlenkern fuhren jeweils in einer bestimmten Farbe; die führenden Mannschaften waren die Blauen und die Grünen. Die Anhänger einer Mannschaft bekannten sich zu ihren Favoriten, indem sie eine einfache Tunika in der entsprechenden Farbe trugen. An Zirkustagen muß das Publikum ein farbenprächtiges Bild geboten haben, ganz ähnlich wie bei uns bei einem Endspiel um die nationale Fußballmeisterschaft — nur daß im alten Rom die Zuschauerzahlen doppelt so hoch waren wie heute! Die Ärmel der Tunika waren am Ende mit farbigen Bändern geschmückt. Wurden die Arme zur jubelnden Begrüßung der Mannschaft emporgerissen, müssen diese farbig flatternden Bänder einen ähnlichen Effekt ergeben haben wie heutzutage die um das Handgelenk geknoteten Schals. Der moderne Fußballfan drückt also seine Stammestreue auf eine Weise aus, die nicht erst mit der Jugendkultur der Nachkriegszeit entstanden, sondern viel älteren Ursprungs ist.

Auch in anderen zeitgenössischen Jugendkulturen gibt es Stammesuniformen; zwar haben sie kein antikes Vorbild, aber sie erfüllen ihren Zweck genauso wirkungsvoll, nämlich über die soziale Identität ihrer Träger Aufschluß zu geben. In Großbritannien haben Jugendliche seit Jahrzehnten die Möglichkeit, sich durch Kleidung und Gebaren zu einer von zahllosen subkulturellen Gruppen zu bekennen und durch ihren Kleidungsstil die Wertvorstellungen und Gewohnheiten eines bestimmten Stammes zu dokumentieren. In den fünfziger Jahren gab es die Teddy Boys mit ihren langen Jacken und den Wildlederschuhen; vor dem Hintergrund von »Bill Haley and His Comets« wirkte der Teddy Boy geradezu wie ein »Macho«. Manche Teds veränderten dann später ihr Image und wurden zu »Rockabilly Rebels« oder zu Rockern. Andere Jugendliche suchten eine Stammesidentität als »Mods«; ihre typische Uniform war der Parka mit rot-weiß-blauem Etikett auf dem Rücken. Andere Jugendliche der Mittelschicht lehnten die schicke Kleidung ihrer gutbürgerlichen Altersgenossen ab; sie schnitten die Trompetenbeine ihrer Jeans in Fransen, zogen einen Fischerkittel über, setzten eine Segeltuchmütze auf, und fertig war der Beatnik — die Mode der Aussteiger. In den sechziger Jahren gab es in Kalifornien zahllose Drop-outs, die sogenannten Hippies, die mit ihrem bunten Aufzug die Jugendlichen aller westlichen Länder faszinierten. Der »Hippy-Look« ist heute bereits ein Symbol für das ganze damalige Jahrzehnt.

Seither haben sich die Briten nicht nur an die betont aggressiv auftretenden Skinheads gewöhnen müssen, die Mitte der sechziger Jahre zu den ersten englischen Fußballrowdies gehörten, sondern auch an die viel spektakulärer aufgemachten Punks, die Ende der siebziger Jahre die Szene betraten. Einige Skinheads, die das Gefühl hatten, ihr Stamm verkomme zur Mittelmäßigkeit, motzten ihren kahlen Schädel mit einem hahnenkammähnlichen Haarstreifen auf und wurden zu »Rudies«. Auch Mods und Teds erlebten ihr mit fanatischer Inbrunst betriebenes Comeback. Daneben gab es Punks, denen die suggestive Schwärze ih-

Gegenüber
Ein Massai-Mädchen wird im traditionellen Stil ihres Stammes geschmückt. Die hellen V-förmigen Streifen auf dem Gesicht sowie die Perlschnüre und Halsbänder verraten auf den ersten Blick ihre Zugehörigkeit zu einer bestimmten Gruppe.

Unten
Der bizarr anmutende Tonmaskenschmuck der »Froschmänner« aus dem Asarotal im zentralen Hochland Neu-Guineas.

rer Uniformen genügte und die Rasierklingen am Ohr und Ziernägeln in der Nase nicht so viel abgewinnen konnten; sie machten eine subtile Metamorphose durch und kamen als weniger schrille »Gothics« wieder zum Vorschein.

Wenn der Eindruck entstanden sein sollte, daß wir unser Augenmerk allzu sehr auf britische Jugendstämme gerichtet haben, so ist dazu zu sagen, daß diese Jugendstämme einfach das Vorbild für viele europäische Nachahmer gewesen sind. Die Raggare in Schweden mögen sich vielleicht noch an den kalifornischen Hot Rodders orientieren, aber in Frankreich und Deutschland beziehen die Jugendlichen die Anregungen für ihre Ausstaffierung und die brauchbaren Symbole kollektiver Zusammengehörigkeit meist von ihren Altersgenossen in London. Die italienischen Fußballfans sind dabei, einiges von der Kleidung des britischen »Hooligan« zu übernehmen. Aufnäher auf den Jeansjacken der neapolitanischen »Ultras« deklarieren ihre Träger stolz als »Boys Fyghters (sic)«, und die traditionellen Schals sieht man heute überall. Punks mit ihrem einzigartigen Sinn für dekadente Eleganz findet man, wenn schon nicht auf den Straßen, so doch in den Clubs der meisten europäischen Großstädte. Selbst die New Yorker Jugend, die in Clubs wie den CBGBs eine Art Heimat sucht, übernimmt heute manches vom Stil der britischen Punks, für den einst ihre eigenen Vorgänger das Vorbild abgaben.

Der Stil der einzelnen Jugendstämme entwickelt sich ständig fort, um sich so deutlich wie möglich von den anderen abzuheben. So entstand z.B. der Stil der Skinheads als direkte Reaktion auf die langen Haare und die bunte, verschnörkelte Kleidung der Hippies. Die Skinheads schoren sich den Kopf kahl und übernahmen die Werktagskluft der Arbeiter, um den denkbar größten Abstand zwischen sich selbst und die verhaßten, radikalen Aussteiger der bürgerlichen Mittelschicht zu legen. Die Punks wiederum zerschnitten ihre Kleidung und flickten sie säuberlich mit Sicherheitsnadeln wieder zusammen, um sich von ihren braven, cleveren

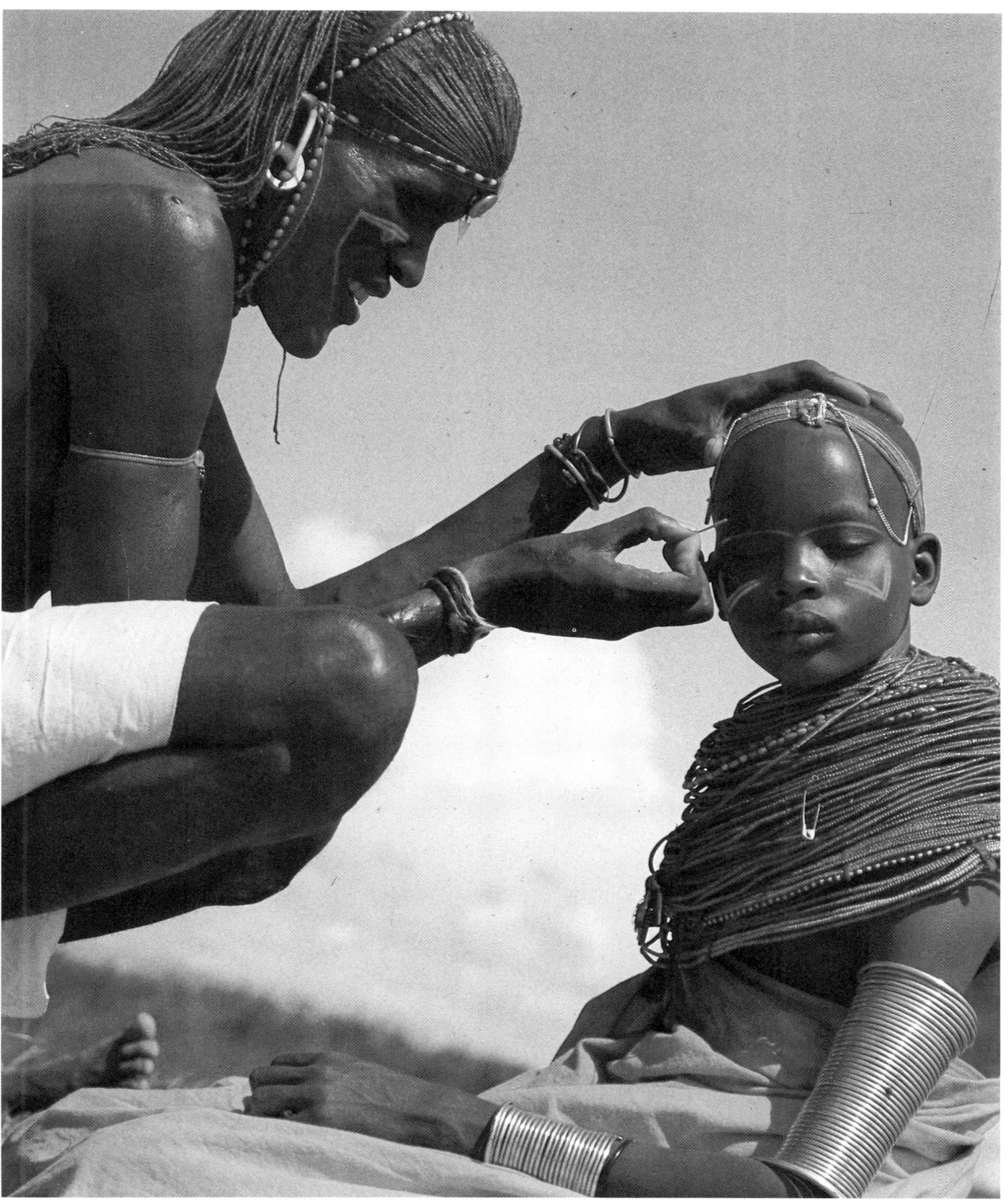

Seite 70
In modernen Gesellschaften gilt es zuweilen als modisch und schick, »ethnischen« Schmuck zu tragen und Erzeugnisse »primitiver« Stammeskunst ins erlesen möblierte Wohnzimmer zu stellen. Hier dreht ein Häuptling der Wopkaimair von den Star Mountains den Spieß um: Seine durchbohrte Nase ziert ein Marken-Filzschreiber.

Seite 71
Dieser Angehörige der Dei-Sippe aus Papua-Neu-Guinea hat zu rituellen Zwecken eine kunstvolle Gesichtsmaske angelegt.

Gegenüber
Mädchen vom Stamm der Nuba im Sudan mit den typischen Perlschnüren und der Stirntätowierung ihres Stammes.

Altersgenossen zu distanzieren, die sich dafür entschieden hatten, im »System« zu bleiben.

Dieser Vorgang der Stammesdifferenzierung hat viel Ähnlichkeit mit dem Prozeß der Artenbildung, wie man ihn vor allem bei Vögeln beobachtet. Wird beispielsweise eine kleine Insel von einer einzigen Vogelart bewohnt, so haben die Tiere häufig ein farbloses Gefieder ohne auffällige Zeichnung. In dem Maße aber, wie die Zahl der Arten oder Unterarten in einer bestimmten Gegend zunimmt, steigt auch die Anzahl der artspezifischen Merkmale am Gefieder und am Schnabel der Vögel. Die ausgefallensten Zeichnungen und Farben des Gefieders treten dann auf, wenn die Vielfalt des Vogelbestandes in einem bestimmten Gebiet besonders groß und die Notwendigkeit einer sicheren Identifizierung daher am dringendsten ist. Jugendgruppen verhalten sich in diesem Sinne ganz ähnlich wie Vogelarten. Die Notwendigkeit, eine eigene soziale Identität auszubilden, ist in der Zeit der Adoleszenz am größten; das gilt besonders für die modernen Nationen, die man als »Superstämme« ansprechen kann. Um nun die Eigenart eines bestimmten Jugendstammes zu unterstreichen und die mit der Zugehörigkeit zu ihm verbundene persönliche Befriedigung zu steigern, legen sich die Stammesangehörigen gleichsam ein besonderes Gefieder zu, das sie von anderen zeitgenössischen Jugendkulturen unterscheidet.

Mit zunehmendem Alter und zunehmender Festigung unserer sozialen Identität signalisieren wir unsere Stammeszugehörigkeit durch immer weniger auffällige Kleidung. Jetzt stehen uns andere Kommunikationsmittel zu Gebote, etwa die Art, wie wir unsere Wohnung einrichten, der Wagen, den wir fahren (wenn wir einen fahren), und die Gegenstände, mit denen wir uns umgeben. Aber selbst dann verraten auch die normalsten Bestandteile unserer Alltagskleidung — die Tweedjacken, grünen Stiefel, Stoffmützen, Kordhosen, Stehkragen, Latzhosen, Nadelstreifen und Strickjacken — unser Bedürfnis, einer überschaubaren Gruppe von Menschen anzugehören.

In allen menschlichen Kulturen und Gesellschaften gibt es die Gewohnheit, den menschlichen Körper zu verschönern und zu verzieren; dieser Brauch ist so alt wie die Geschichte selbst. Jungsteinzeitliche Figurinen aus Südosteuropa zeigen eine kunstvolle spiralförmige Verzierung von Kopf und Gesicht. Schon die Ägypter verstanden sich auf die Kunst der Gesichtsbemalung und des Make-ups und verwendeten dafür Substanzen, die auch heute noch brauchbar wären. Die alten Briten schmierten sich Färberwaid auf Gesicht und Haare (und nahmen damit die Blautönung um einige Jahrtausende vorweg!). Auch Griechen und Römer benutzten alles, was zur Hand war, um ihre äußere Erscheinung zu verändern.

Manche Formen der Verschönerung dienen, vor allem bei Frauen, der sexuellen Anziehung. So wird der Mund durch Lippenstift den Schamlippen ähnlich gemacht, die normalerweise aus Anstandsgründen dem Blick entzogen sind. Das Auftragen von Farbe rund um die Augenpartie lenkt die Aufmerksamkeit auf die von dort ausgehenden emotionalen Signale. Generell kann das Make-up des Gesichts nicht nur Hautunregelmäßigkeiten verdecken, sondern es erweckt überdies den Eindruck blühender Gesundheit. Natürlich kennen auch Männer solche Verschönerungsmittel. Das Rasieren der Bart- und Frisieren der Haupthaare ist auf der ganzen Welt verbreitet, obwohl es meistens keinen praktischen Zweck erfüllt.

Die Verschönerung des Körpers ist ein universelles Kommunikationsmittel. Jede Kultur entwickelt einen eigenen »Dialekt« dieser Sprache und erzeugt ein menschliches Erscheinungsbild, das nicht nur die Attraktivität des einzelnen erhöhen, sondern auch seine stammesmäßige Verwurzelung anzeigen soll. Körperliche Eigentümlichkeiten, die in einer Gesellschaft als schön gelten — und daher durch Verzierung hervorgehoben werden —, erscheinen einer anderen häufig als ausgesprochen häßlich und werden deshalb versteckt oder bleiben unverziert. So gibt es mongolische Rassen, die ihren eigenen Gesichtsausdruck für den Gipfel der

Links
Die auffallende Haartracht dieses
jungen Mannes aus den Golfstaaten
würde auch zu einem modernen »Jugend-
stamm« passen.

Gegenüber
Klassische britische Punker mit typischer
»Mohikaner«-Frisur, Beschlägen auf
der Jacke und anderen Emblemen
ihrer Stammesverbundenheit.

Die »dreadlocks« der Rastafari sind ein bedeutendes Emblem ihrer Kultur und ihres Glaubens. Der Vater bietet seinem Sohn ein prägnantes stilistisches Rollenvorbild.

Schönheit halten, weil er nach ihrer Ansicht dem des Pferdes ähnelt, das für sie ein Meisterwerk der Schöpfung ist. In anderen Kulturen hingegen wäre es eine schwere Beleidigung, von jemandem zu sagen, er habe ein Pferdegesicht.

Das Gesicht ist nicht nur besonders sichtbar; man kann sein Aussehen auch relativ leicht manipulieren. Aus diesem Grund ist es bei den meisten Kulturen derjenige Teil des Körpers, auf den sich die Verschönerungsbemühungen in erster Linie richten. Manche traditionellen Gesellschaften gehen noch weiter und verändern auch künstlich die Kopfform. Mit der Schädeldeformation wird unmittelbar nach der Geburt des Kindes begonnen, wenn die Schädelknochen noch weich sind. Das Schönheitsideal ist nicht einheitlich: Manche Stämme bevorzugen einen flachen Kopf, andere haben ihn lieber länglich oder rund. Die Prozedur wird fast ausschließlich an weiblichen Neugeborenen vorgenommen und soll später die Heiratsaussichten der Mädchen verbessern.

Die Praxis der Schädeldeformation ist Jahrtausende alt — es gab sie schon in vor-jungsteinzeitlichen Kulturen Europas und Asiens. Bei vornehmen Frauen im alten Ägypten war sie gang und gäbe; so hatte z. B. Nofretete einen bewußt deformierten Kopf. Auch griechische und römische Aristokraten unterwarfen ihre Töchter häufig dieser schmerzhaften und gefährlichen Prozedur: Es sollten diejenigen Merkmale der Kopfform betont werden, die vermeintlich von einer vornehmen Herkunft zeugten und die junge Frau später um so begehrenswerter machten. Die Schädeldeformation wird noch heute in manchen Gesellschaften Afrikas, Grönlands und Perus praktiziert. Auch bei einigen nordamerikanischen Indianerstämmen war sie bekannt; sie platteten die Stirn des Neugeborenen mit einem Brettchen und Bandagen ab. Man nimmt an, daß diese Prozedur die Ursache des erhöhten Auftretens von Epilepsie und Blindheit bei diesen Stämmen war, hervorgerufen durch das Vorpressen der Augen.

Die Schädeldeformation gehört zu den extremsten Methoden, das Aussehen eines Menschen zu verändern; doch gibt es andere Praktiken, die eine kaum weniger radikale Verwandlung bewirken. Die brasilianischen Botokuden setzen den jungen Mädchen Holzscheiben in die Lippen ein, so daß diese ein für unseren Geschmack völlig bizarres, löffelartiges Aussehen bekommen, mit einem Umfang von 60 cm und mehr. In manchen traditionellen Stämmen kennen auch Männer derartige entstellende Praktiken, die bei ihnen der Betonung der Männlichkeit dienen. So bohren sich die Papuas mit scharfen Stöcken ein Loch durch die Nasenscheidewand, um einen Zierknochen tragen zu können. Bis vor kurzem war bei den Männern eines Amazonas-Stammes das Durchbohren der Ohrläppchen üblich; die Löcher waren oft breiter als ein Finger und dienten offenbar zum Ablegen von nicht zu Ende gerauchten Zigaretten.

Die Verschönerung der Zähne findet sich bei einigen Ureinwohnern Australiens und Neu-Guineas. Die Iban-Männer auf Borneo unterziehen sich einer Zahnbehandlung, die den meisten von uns schon beim Gedanken daran die Haare zu Berge stehen läßt. Die Vorderzähne werden eingeschwärzt und dann mit einem simplen zugespitzten Draht von vorne nach hinten durchbohrt. In die entstehenden Löcher werden sternförmige Messingstifte eingeführt. Zuletzt werden die Zähne zu scharfen Spitzen zugefeilt. Der solchermaßen präparierte Iban-Mann gilt nun als besonders schön, und die ausgestandenen Schmerzen werden als geringer Preis für ein derartig verbessertes Aussehen betrachtet.

Manche dieser körperlichen Entstellungen haben, wie die Beschneidung, eine besondere symbolische Bedeutung: Sie sind Teil der Initiation in die Erwachsenenwelt des Stammes. Die normaleren Verschönerungsmethoden geben jedoch nicht nur Aufschluß über Rolle und Status des einzelnen im Stamm, sondern verraten auch Außenstehenden die Stammeszugehörigkeit eines Menschen. Bewohnen mehrere Stämme dasselbe geographische Gebiet, entwickeln sie immer kunstvollere Verschönerungsmethoden, um sich deutlicher gegeneinander abzuheben. Kann der Stamm hingegen ein sehr weiträumiges Areal für sich beanspruchen, ohne allzu oft mit Angehörigen anderer Clans in Berührung zu kommen, so entfällt die Notwendigkeit einer Identifizierung durch Verzierung weitgehend.

Haartracht

In der modernen Gesellschaft sind es vor allem junge Leute, zumal die Angehörigen der verschiedenen Subkulturen, die durch Körperschmuck und Verzierung auffallen. Da jede Gruppe sich gegenüber den anderen als etwas Besonderes fühlen will, fällt die Dekoration immer vielgestaltiger aus. Zwar sind keine Fälle absichtlicher Schädeldeformationen bei unseren modernen Stämmen bekannt, doch von vielen anderen »primitiven« Verschönerungsmethoden wird weitgehend Gebrauch gemacht.

Von besonderer Bedeutung ist die Haartracht in den Rastafari-Kulten; unterscheidendes Stammesmerkmal sind hier die *dreadlocks*, die typischen gedrehten Haarsträhnen. Der quasi-religiöse Rastafari-Kult wurde in Jamaika gestiftet und predigt u.a. einen Unsterblichkeitsglauben: »Wir, die Rastafari, sind die Jünger, welche ausgegangen sind von Gott in der Zeit, da das Fundament der Schöpfung gelegt worden ist, durch 71 Leiber, zu schauen das 72. Haus der Macht, welches da herrschen wird in Ewigkeit.« Im Mittelpunkt des Rastafari-Kultes steht ferner die Überzeugung, daß der 1975 verstorbene äthiopische Kaiser Haile Selassi (Ras Tafari Makonnen) nicht nur der spirituelle Führer des Kultes war, sondern ein wahrhaftiger Gott. Zudem bekennen sich die Rastafari zu der Ansicht, daß die schwarzen Männer die Reinkarnation der alten Israeliten seien, die der »Whiteman« (der Weiße) ins Exil getrieben hat. Jamaika wird als Babylon angesehen, Äthiopien als der Himmel. Mit Entschiedenheit vertritt man auch die Idee, daß die Schwarzen den Weißen überlegen seien.

Die offizielle Begründung für das bewußt ungekämmte Aussehen der Rastafari ist eine Stelle im 3. Buch Mose (19,27): »Ihr sollet eure Haare nicht ringsum am Ende abscheren; und du sollst von den Enden deines Bartes nichts abnehmen.«

Gesichtsdekoration auf Papua-Neu-Guinea. Ein Perückenmann (Wigman) trägt gelbe Farbe in traditionellen Mustern auf.

Körperbemalung in Brasilien. Eine Xingh-Mutter schmückt ihre Tochter mit einem typischen Zickzackmuster.

(Übs. Leander van Eß.) Die Haare der Rastafari unterscheiden sie von anderen Menschen der modernen Welt und signalisieren den religiösen Charakter ihrer Stammesbindung. Das Haar symbolisiert, daß sie sich als »natürliche Menschen« fühlen, denen die modernen Reinlichkeits- und Schönheitsvorstellungen gleichgültig sind. Vor allem aber bedeuten ihre gedrehten Locken Auflehnung und die Ablehnung der Konventionen der herrschenden weißen Bevölkerung.

Selbst in der heimischen Kultur Jamaikas wirkt der Stil der Rastafari isolierend gegenüber der Mehrheit der Bevölkerung. Nach Meinung eines Anthropologen wird der Rastafari, der sein Haar lang und unordentlich trägt, von anderen als wild, gefährlich, verweiblicht und furchteinflößend betrachtet. Dieser Stil bringt die fundamentalen Widersprüche in der jamaikanischen Kultur zum Ausdruck und die Andersartigkeit der Rastafari. Und er signalisiert natürlich die Zugehörigkeit zu einem besonderen, alternativen Stamm mit eigenen Werten und Verhaltensstilen.

Länge und Frisur des Haares drücken bei britischen wie bei anderen europäischen Jugendkulturen seit den fünfziger Jahren Stammeszugehörigkeit aus. Langes Haar bei Männern war besonders typisch für die Beatnik- und die Hippy-Kultur der sechziger und frühen siebziger Jahre. Langes Haar symbolisierte Ablehnung der »etablierten« Kultur mit ihren Werten und bot seinem Träger die Möglichkeit, auf relativ einfache Weise seine Verbundenheit mit einer alternativen Kultur zu dokumentieren. Man brauchte nichts weiter zu tun, als sein Haar ungehindert wachsen zu lassen. Notfalls konnte man es im Handumdrehen wieder abschneiden, falls man sein radikales Image abzulegen wünschte — beispielsweise bei der Suche nach einem stinknormalen Job.

Warum man lange Haare mit Protesthaltung und alternativen Jugendkulturen in Zusammenhang bringt, ist ziemlich rätselhaft. Eine gewisse Rolle mögen dabei die Lehren des Christentums und ihr Einfluß auf die westlichen Kulturen spielen. So begründet der Apostel Paulus im 1. Brief an die Korinther (11,13 ff.) eine Stiltendenz, die bis heute nachwirkt: Die Frau solle mit bedecktem Haupt beten, der Mann jedoch mit unbedecktem; denn:

Urtheilet selbst: Schickt es sich für eine Frau, ohne Schleier öffentlich zu Gott zu beten? Oder lehret euch nicht selbst die Natur, daß es dem Manne schimpflich sei, sein Haupt-

Links
Nur wenige moderne Punker bringen es zu einem so stolzen Kopfputz wie dieser junge Mann vom Stamm der Rauepe in Brasilien. Der Federschmuck ist auf einer Lehmkappe fixiert.

Unten
Seine Haare kann dieser junge Mann wieder nachwachsen lassen, aber die Gesichtstätowierung zu beseitigen ist fast unmöglich. Sein Körperschmuck signalisiert dauerhaft die Zugehörigkeit zu einer Gruppe sozial Unzufriedener.

Kunstvoller Kopfputz samt Perücken bei den Massai in Kenia.

haar lang wachsen zu lassen? Das lange Haar hingegen des Weibes Zierde sei, weil das Haar ihr statt eines Schleiers gegeben ist? (Übs. L. van Eß.)

Der Apostel Paulus mag für diese einigermaßen lächerliche Auffassung einen guten Grund gehabt haben. Es kam ihm sehr darauf an, in der christlichen Kultur strenge Geschlechtsrollen zu fixieren, die der Frau eine entschieden untergeordnete Stellung zuwiesen. So heißt es etwas später (14,34) im selben Brief:

Die Frauen sollen in euren Gemeinden schweigen; denn es ist ihnen nicht verstattet, Vorträge zu halten, sondern unterwürfig zu sein, wie auch das Gesetz verordnet. Verlangen sie über etwas Belehrung, so können sie zu Hause ihre Männer fragen. (Übs. L. van Eß.)

Die Länge des Haares war also ein probates Mittel, um Geschlechtsstereotype festzuschreiben und die Menschen zu einem vermeintlich geschlechtsadäquaten Verhalten zu bringen.

Läßt ein Mann seine Haare lang wachsen, so symbolisiert dies in westlichen Kulturkreisen die Ablehnung eines derart eng definierten Begriffs von Männlichkeit und Widerwillen gegen konformistisches Verhalten. Hippies und Beats unterstrichen das Haarsignal noch durch ihre Kleidung, die ein übriges tat, die Geschlechtsunterschiede zu verwischen. Damit forderten sie natürlich den Spott der »normalen« Bevölkerung heraus, die sich ihrerseits in der Ablehnung der »langmähnigen Affen« einig wußte. Die Skinheads mit ihrem kurzgeschorenen Haar benutzten dasselbe Medium für eine gänzlich andere Botschaft: Ihre Kahlheit symbolisierte nicht nur die »Härte« der Skinhead-Kultur, sondern bot auch einen krassen Kontrast zu den Hippie-Zeitgenossen.

Herkömmlicherweise bedeutet ein derart geschorener Kopf Schande und

Schönheitspflege im traditionellen
Stil bei den Barzoana-Indianern Kolumbiens.

Knechtschaft: In vielen Kulturen überall auf der Welt werden Gefangene kahlgeschoren — nicht um Läusen vorzubeugen, sondern um die Gefangenen zu erniedrigen. Der Stamm der Skinheads ging aus der britischen Arbeiterklasse hervor und wollte das Gefühl der Entfremdung und Ernüchterung in der modernen Wohlstandsgesellschaft artikulieren. Der kahlgeschorene Kopf war also bittere Ironie — eine Metapher für die Ungerechtigkeit des »Systems«. Im Gegensatz zu den »sanften« Hippies gaben die Skinheads durch ihre »Haartracht« zu verstehen, daß sie zu kompromißloserem Widerstand gegen die Autorität und zur Anwendung von Gewalt bereit waren. Natürlich hatten auch die Schulen mit ihnen ihre liebe Not. Da hatte man jahrelang Schüler nach Hause geschickt, weil man ihre Haare zu lang fand, und jetzt schloß man Schüler vom Unterricht aus, weil ihre Haare zu kurz waren! Die Autoritätspersonen standen in einem ziemlich schlechten Licht da, und natürlich war das mit der Zweck der Übung.

Gilt der kahlgeschorene Kopf schon bei Männern als entwürdigend, so erscheint vollends die Frau mit kahlem Schädel als erbärmliche Figur. Die Franzosen unterwarfen nach dem Zweiten Weltkrieg Frauen, die angeblich mit den deutschen Besatzern kollaboriert hatten, dieser Demütigung. Sie zerrten sie auf die Straße und gaben sie der öffentlichen Schmach preis; diese Frauen wurden auf eine Weise gedemütigt, die für sie seelisch noch qualvoller war als jede körperliche Gewalt. Trotzdem gibt es weibliche Angehörige von Jugendstämmen, die sich freiwillig den Kopf geschoren haben, um ihre soziale Identität zu bekunden. Skinhead-Mädchen ähnelten sich ihren männlichen Kameraden so sehr an, daß praktisch keine Geschlechtsunterscheidung mehr möglich war (genau wie bei den Hippies, nur aus entgegengesetzten Gründen). Manche von ihnen waren stolz

darauf, wenn Klofrauen sie am Betreten von Damentoiletten hindern wollten, weil sie ihnen ihr Geschlecht nicht abnahmen. Andere gingen in ihrer Anti-Weiblichkeit so weit, sich an Schlägereien zu beteiligen und sich ein typisches Macho-Image zuzulegen.

Als Stammesmerkmal ist die Länge (bzw. Kürze) des Haares nur vor dem Hintergrund der Traditionen der christlich-abendländischen Gesellschaft zu verstehen. In vielen afrikanischen Gesellschaften ist es normal, daß Frauen einen geschorenen Kopf haben, und in älteren Epochen unserer eigenen, europäischen Geschichte war die Symbolik der Haarlänge ganz anders als heute. Doch gibt es so gut wie keine Kultur, in der das Haar nicht dem Selbstausdruck des einzelnen wie eines ganzen Kollektivs gedient hat. Im Westen erleben wir heute bei jungen Menschen beiderlei Geschlechts extreme Formen der Haartracht und des Haarschmuckes, die sich häufig ganz betont an traditionelle Stammesstile anlehnen. So ahmt der »Mohikaner« mit seinem kunstvollen, farbigen Schopf das Stammessymbol einer einst mächtigen nordamerikanischen Indianerkultur nach. Die Verwendung von Haarfestigern, womit das Haar zu steilen Spitzen geformt werden kann, kennt man von den Frisuren der Mädchen von Mali, doch einige Männerfrisuren gewisser traditioneller Stämme sind so kunstvoll, daß es selbst dem beflissensten Spät-Punker schwerfallen dürfte, sie nachzuahmen.

Tätowierung

Wie bei den meisten Formen des Körperschmuckes in den modernen Kulturen, ist auch mit dem »Stylen« oder Abschneiden des Haares prinzipiell eine nur vorübergehende Veränderung des Aussehens eines Menschen verbunden. Gleichgültig, was man mit dem Haar angestellt hat: es wird sich nach einigen Monaten auswachsen. Noch kurzlebiger sind Make-up und Gesichtsbemalung: man kann sie

Das Tätowieren war in Japan ursprünglich eine Form der Bestrafung; Größe und Form des nicht mehr zu beseitigenden Males hingen von der Schwere der begangenen Tat ab. Heute ist *Irezumi* eine Kunstform — mit tätowierten Darstellungen von Päonien- und Kirschblüten, Kiefern, Landschaften, Drachen, Vögeln, Tigern und anderen Tieren. Tätowierungen wie bei diesem Ehepaar *(links)* und dieser Gruppe von Männern *(gegenüber)* bekommt ein Außenseiter selten zu Gesicht. In Japan sagt man: »Eine Tätowierung ist keine Glücksgarantie, man darf sie nicht aufdecken, zeigen, wegbrennen oder abkratzen. Daran würde der Leib zugrunde gehen, und die Seele müßte ewig ruhelos umherirren.« Bei den Männern sind Tätowierungen nicht nur Zierde, sondern auch Symbol ihrer Verbundenheit mit der Unterwelt der Jakusa.

einfach mit einem Tuch abwischen. Mit solchen Schmuckformen kann der einzelne nicht nur auf modische Trends und deren Wandel reagieren, sondern auch sehr leicht seine sozialen Verbundenheiten umorientieren. Der langbehaarte Revoluzzer kann sich zum Angehörigen der pflichtbewußten, lohnabhängigen Mehrheit umstilisieren, indem er schlicht und einfach zum Friseur geht. Der Skinhead kann seine Neigung zu einer anderen Jugendkultur entdecken und sich einfach die Haare wachsen lassen. Der Punk kann sich um eine Stelle als Buchhalter bewerben, wenn er vorher den Ziernagel aus der Nase entfernt und seine Haarpracht etwas einebnet. Eine Tätowierung hingegen ist nicht mehr rückgängig zu machen und gehört daher in den westlichen Kulturen zu den extremsten Bekenntnissen, die durch Körperschmuck abgelegt werden.

Tätowierung hat eine sehr lange Geschichte. Schon die Thraker bedienten sich ihrer, um Rangunterschiede zu demonstrieren, und auf altägyptischen Malereien und Kunstgegenständen sind Tätowierungen ebenso zu erkennen wie auf 3000 Jahre alter japanischer Töpferware. In traditionellen Kulturen ist der Brauch des Tätowierens bis heute verbreitet; manche Formen dienen zwar rein dekorativen Zwecken, doch zeigt die Tätowierung meistens die Stammeszugehörigkeit an. So haben die Männer auf Samoa auch nach der Initiation keinerlei Statusrechte, solange sie nicht die rituellen Tätowierungen aufweisen. In manchen afrikanischen Stämmen findet man auf der Stirn von Frauen eine »Sicherheits«-Tätowierung, damit im Falle eines Stammeskrieges über die Herkunft einer geraubten Frau kein Zweifel besteht und sie an ihren eigenen Stamm zurückverkauft werden kann. Ähnliche Markierungen bei den männlichen Stammesmitgliedern haben die Funktion einer Uniform: Sie vermindern das Risiko, daß ein Krieger versehentlich von Leuten der eigenen Seite attackiert wird.

Im Kongo werden die Kinder schon bald nach der Geburt so tätowiert, daß sie nicht nur einzeln zu unterscheiden sind, sondern auch ihre Stammeszugehörigkeit von anderen Menschen festgestellt werden kann. Das hat ganz praktische Gründe; so können Kinder, die sich im Urwald verirrt haben, in ihr Heimatdorf zurückgebracht werden. In anderen Kulturen wiederum dürfen nur Erwachsene von höherem Rang und Stand Tätowierungen tragen. Je bedeutender die Position eines Menschen, desto kunstvoller sein Körperschmuck. Bei den Maori auf Neuseeland galten diffizile Gesichtstätowierungen als Kennzeichen von Vornehmheit und Würde. In Melanesien entspricht die Anzahl der Linien in einer Gesichtstätowierung häufig den spezifischen Verdiensten des Betreffenden auf kriegerischem oder kulturellem Gebiet.

Andererseits dienen Tätowierungen auch zur Kennzeichnung einer niederen Kaste oder als Form der Bestrafung. Bis zum Ende des 19. Jahrhunderts war es in der britischen Armee üblich, Soldaten, die gegen militärische Vorschriften verstoßen hatten, durch Tätowierungen zu kennzeichnen. Die Buchstaben »BC« standen für »bad conduct« (Unbotmäßigkeit), Deserteure wurden mit einem untilgbaren »D« markiert. In vielen traditionellen Gesellschaften gibt es eine besondere Gesichtstätowierung für Männer, die sich der Feigheit vor dem Feind schuldig gemacht oder anderen Angehörigen ihres Stammes Vieh gestohlen haben.

In der modernen Gesellschaft läßt man sich zumeist aus rein dekorativen Gründen tätowieren, doch können Tätowierungen wie andere Formen des Schmuckes auch dazu dienen, bestimmte Zugehörigkeiten oder Loyalitäten anzuzeigen. Da es sich um eine dauerhafte Zierde handelt, signalisiert eine Tätowierung dann zugleich ein besonders hohes Maß an Engagement und Loyalität. Das frappierendste Beispiel hierfür sind wohl die japanischen Jakusa.

Die Jakusa sind im Prinzip Gangster, die in der kriminellen Randkultur der großen japanischen Städte und in begrenzter Zahl auch in Einwanderungszentren wie Hawaii und Kalifornien leben. Ihr merkwürdiger Name kommt vielleicht von dem Ausdruck »ja-ku-sa« bei dem Kartenglücksspiel *hanafuda;* »ja-ku-sa« bedeutet eine besonders ungünstige Kartenverteilung, nämlich 8-9-3 mit dem Gesamtwert zwanzig, die immer verliert. Irgendwann ging »ja-ku-sa« in den allgemeinen Sprachgebrauch ein und bezeichnete zunächst alles, was unnütz war, und sodann die Glücksspieler selbst. Die modernen Jakusa sind allerdings ein stark durchorganisierter Stamm, der es, was das Ausmaß seiner kriminellen Aktivitäten betrifft, wahrscheinlich mit der Mafia aufnehmen kann. Die Jakusa betreiben aber nicht nur das organisierte Verbrechen, sondern knüpfen daneben an die Tradition der Samurai-Banditen an, indem sie an diversen rituellen Praktiken festhalten und überaus kunstvolle, farbige Tätowierungen tragen.

Das Tätowieren hat in Japan eine lange und achtbare Tradition. Im 17. Jahrhundert war es zu einer anerkannten Kunstform geworden, und komplizierte Muster, die den ganzen Körper bedeckten, waren bei gewissen Berufsspielern, den Bakuto, beliebt. Die Tätowierung der Jakusa war dagegen ursprünglich eine Form der offiziellen Bestrafung; sie war ein Schandmal, das den Verbrecher von der übrigen Gesellschaft isolieren sollte. Meist wurde dem Übeltäter für jedes Verbrechen, das er begangen hatte, ein schwarzer Ring auf den Oberarm tätowiert. Die freiwillige Tätowierung bei den Jakusa ist also eine ironische Anspielung auf die symbolische Schande der Zwangstätowierung, verbunden mit der Pflege von Stammestraditionen, die von den Bakuto herrühren.

Das Nonplusultra der Stammesbindung sind Tätowierungen, die den ganzen Körper bedecken. Sobald der typische Jakusa-Stil einmal angebracht worden ist, wird der Betreffende auf Lebenszeit mit dieser Subkultur identifiziert und bleibt an sie gebunden. Die Assoziationen zum Gangstertum sind so stark, daß niemand, der tätowiert ist, Zutritt zu öffentlichen Bädern und Saunen hat. Die Jakusa besitzen allerdings ihre eigenen Badehäuser und können aus naheliegenden Gründen sicher sein, daß kein Spitzel ihrer Aufmerksamkeit entgeht.

Die Jakusa-Tätowierungen zeichnen sich durch ihre geschmeidige Eleganz aus; sie verbinden Götterbilder mit der Abbildung von Heroen, Tieren und Blumen.

Besonders beliebt sind Darstellungen berühmter Samurai-Krieger in vollem Kriegsornat, was an die Stammesahnen der Jakusa erinnern soll. Um solche Kunstwerke herzustellen, braucht ein geschickter Tätowierer über hundert Stunden Arbeit mit verschiedenen Nadeln und Tinten; zudem ist die Prozedur schmerzhaft. Dieser Aspekt des Tätowierens fördert die Gruppensolidarität; die Standhaftigkeit, die man braucht, um Schmerz und Unbill des Tätowiertwerdens zu ertragen, ähnelt der Pein beim traditionellen Initiationsritual. Hat jemand diese Prüfung überstanden, spielt seine Tätowierung eine doppelt bedeutsame symbolische Rolle.

Verglichen mit den Praktiken der Jakusa, fehlt es der Tätowierungskunst im Westen irgendwie an Stil und Eindringlichkeit, doch kann sie im Prinzip die gleichen Funktionen erfüllen. Am häufigsten lassen sich Seeleute und Angehörige der Streitkräfte tätowieren. Manche Embleme verraten zwar lediglich die Bindung an ein bestimmtes weibliches Wesen; viele andere indessen künden von der Verbundenheit mit einem bestimmten Regiment oder Truppenteil. Die Mitglieder einer Motorradbande lassen sich häufig den Namen ihrer Ortsgruppe — des Stammes, zu dem sie gehören — in den Oberarm tätowieren. Andere schmücken sich mit Symbolen der Männlichkeit oder der Furchtlosigkeit; gekreuzte Knochen, Totenkopf und die Parole »Death or Glory« (Tod oder Ruhm) sind häufig zu sehende Beispiele dieser Art. Das Tätowieren an sich dient immer dazu, ein Individuum als besonderes zu kennzeichnen — als Angehörigen eines Kollektivs, das Sinn für diesen dekorativen Minderheitenstil hat.

Die Angehörigen der modernen Jugendkulturen haben für eine Renaissance der Tätowierung gesorgt, doch haben sie etwas andere Beweggründe als ihre Vorgän-

Ein »Liebeshotel« in Tokio macht sich den Symbolwert des Autos zunutze: Mit dem Mercedes als guter Stern auf allen Straßen ins Land der sexuellen Phantasie.

Rechts
Ein und dieselbe Botschaft über Lebensstil und Stammeszugehörigkeit kann
auf verschiedenen Kanälen gleichzeitig
vermittelt werden. Art der Kleidung,
Rolls Royce und Pudel, hier zu bewundern
am englischen »Derby Day«, kennzeichnen augenblicklich die Besitzerin
dieser Stammessymbole.

Gegenüber, oben
Viele Indianer Nordamerikas versuchen
Tradition und Modernität miteinander
zu verbinden, halten zwar an
wesentlichen Elementen ihrer Kultur fest,
fordern aber gleichzeitig eine gerechtere
Beteiligung an Wohlstand und Chancen
der nordamerikanischen Gesellschaft. Dieser bebrillte Häuptling im
traditionellen Kopfputz läßt sich neben
dem modernen Äquivalent wilder Rosse
fotografieren, die einst über seine
angestammten Prärien sprengten.

Gegenüber, unten
Der Bhagwan Shree Rajneesh vor
seiner überstürzten und erzwungenen
Abreise aus Oregon. Der »bescheidene«
Ehrgeiz dieses charismatischen Religions-
führers war es, für jeden Tag des
Monats einen anderen Rolls Royce »Silver
Spur« zu besitzen. Dank der Spenden-
freudigkeit und Stammestreue seiner
Anhänger hinterließ der Meister bei
seiner Flucht eine Flottille von 85 sol-
cher Prestigekarossen.

ger. Vor allem Gesichtstätowierungen sind eine sehr sichtbare Aussage, die die Reaktion anderer Menschen auf den so Geschmückten unweigerlich beeinflußt. Verantwortungsbewußte Tätowierer lehnen es daher ab, auch an Gesichtern zu arbeiten.

Trotzdem gibt es besonders frustrierte Skinheads und Punker, die auf Wangen und Stirn Spinnennetze, Schlangen und andere »angsterregende« Bilder dieser Art zur Schau tragen. Das soll zum Ausdruck bringen, daß der Betreffende seine Zukunft abgeschrieben hat: Er gehört einem Stamm an, der nicht nur »ausgestiegen« ist, sondern auch grundsätzlich keine Möglichkeit sieht, je wieder einzusteigen. Im Gegensatz zu den Aussteigern der sechziger Jahre, von denen die meisten inzwischen achtbare Mitglieder der bürgerlichen Gesellschaft geworden sind, gehen die heutigen frustrierten Jugendlichen mit ihrem dauerhaften Körperschmuck ebenso weit wie ihre Altersgenossen in den traditionellen Gesellschaften Afrikas und Neu-Guineas.

Symbolische Objekte

Kleidung und Körperschmuck spielen zwar eine Hauptrolle dabei, wie wir unsere Stammeszugehörigkeit kundtun; doch machen wir uns auch eine breite Palette anderer Symbole zunutze, um eine kollektive Bindung zu verstärken.

Denken wir nur an die Rolle, die heutzutage das Auto im Leben der Menschen spielt. Vordergründig gesehen ist das Auto lediglich ein Gefährt, das auf ziemlich ineffiziente Weise der Personenbeförderung dient. Tatsächlich gehört es jedoch zu den aussagekräftigsten symbolischen Objekten, die die modernen Kulturen überhaupt hervorgebracht haben. Es erlaubt Männern wie Frauen, eine individuelle persönliche Aussage darüber zu machen, was für Menschen sie sind — dient echt ihrer Selbstdarstellung. Doch dient das Auto zugleich auch als besonders prägnantes Sinnbild der Verbundenheit — als mobiler und unübersehbarer Hinweis darauf, zu welcher Gruppe oder Klasse sich jemand zählt.

Ursprünglich war jedes Auto ein Zeichen von Wohlstand; es verlieh seinem Besitzer Prestige und verriet die Zugehörigkeit zu einer finanziellen und sozialen Elite. In dem Maße, wie dieses elitäre Fortbewegungsmittel dann in den Industriegesellschaften — vor allem dank der unternehmerischen Findigkeit Henry Fords — der breiten Masse zugänglich wurde, veränderte sich der Symbolcharakter des Autos im Laufe der Zeit. Die Wahl einer bestimmten Automarke wurde Bestandteil einer sozialen Identität. Und wir gewöhnten uns an, die Leute auch nach dem Auto zu beurteilen, das sie fahren.

Diese »automobile« soziale Einordnung eines Menschen ist vor allem in den Spitzenrängen des Marktes zu beobachten, wo bestimmte Luxuskarossen als unübersehbarer Talisman von Stil und Anspruch ihres Besitzers künden. So kommt der moderne britische Yuppie nicht umhin, einen Porsche zu fahren, wenn er standesgemäß »auftreten« will und seine Zugehörigkeit zum Stamm der Yuppies dokumentieren will. Unstandesgemäß wäre es, im Jaguar oder Aston Martin daherzukommen, weil diese Statussymbole, obwohl zweifellos teurer als ein Porsche, sich nicht mit anderen Sinnbildern des Yuppietums vertragen würden.

Für Engländer verbindet sich mit einem Rolls Royce die Vorstellung von Reichtum und Macht. Wer einen solchen Wagen fährt, identifiziert sich mit einem Minderheiten-Stamm und genießt die Aufmerksamkeit, die er mit seinem Gefährt bei den anderen Verkehrsteilnehmern erregt. Doch signalisiert ein Rolls Royce noch etwas anderes: Der Fahrer gehört zwar einer reichen Elite an, doch verdankt er seinen Reichtum für gewöhnlich »neuem Geld«. Wie der Cadillac-Fahrer ist er ein Emporkömmling, ein Mensch, der sich sein Geld erarbeiten mußte und nicht geerbt hat. In der klassenbewußten britischen Kultur ergibt sich daher für Leute mit »altem Geld« die Notwendigkeit, sich von den Parvenüs auf der Wohlstandsszene zu unterscheiden. Für diesen Personenkreis bietet sich der Bentley als Stammesmerkmal an: Er vermittelt denselben Prestigeanspruch wie der Rolls

Royce, aber auf eine zurückhaltendere, vornehmere Weise, die den Vorstellungen des Adels eher entspricht.

In den USA ist die automobile Symbolik stärker klassengeprägt. Man vergleiche etwa den Leitenden Angestellten einer Werbefirma, der Mercedes oder BMW fährt, mit einem ebenso wohlhabenden Tankstellenbesitzer im Cadillac: Wir können sofort sagen, wer wer ist, weil das, was wir mit dem jeweiligen Besitzer dieser Autos verbinden, ganz unterschiedlich ist. Cadillacs sind Autos für »aggressive« Neureiche — Unterschichts-Kinder, die ihr Glück gemacht haben und nun ihre Zugehörigkeit zu einer neuen Einkommensstufe zur Schau stellen müssen. Der BMW signalisiert ebenfalls Reichtum und Prestige, vermittelt aber zusätzlich das Image eines gehobeneren Lebensstils. Der Besitzer eines solchen Wagens gehört einem ganz anderen Stamm an, dessen dominante Werte und Einstellungen sich von denen des Cadillac-Clans völlig unterscheiden.

In diesem Sinne sind wir das, was wir fahren — auch wenn viele von uns das gerne abstreiten. Selbst der Besitzer eines Morris Minor, eines durchgerosteten Käfers oder einer windschiefen Ente macht eine klare Aussage darüber, was für ein Mensch er ist und zu welchem automobilen Stamm er gehört. Diese Autos entsprechen einem bestimmten, selbstgewählten Lebensstil, mit dem das Image eines engagierten, nicht-materialistischen Menschen verbunden ist. Paradoxerweise wird diese Anti-Auto-Haltung am deutlichsten gerade durch Autos signalisiert. Leute mit solchen Gefährten kann man leicht einer bestimmten Gruppe zuordnen; manche betonen ihre Solidarität noch dadurch, daß sie sich in Clubs für die Besitzer solcher Marken zusammenschließen.

Auch im Bereich der Mittelklassewagen gibt es feine Unterscheidungen im

Diese Minister aus OPEC-Staaten halten, was Kleidung und Speisegewohnheiten betrifft, am traditionellen arabischen Stil fest, obwohl sie zu den reichsten, mächtigsten und einflußreichsten Männern der modernen Welt gehören.

Hinblick auf das Image der einzelnen Marken und Modelle. Ein Fiat kostet ungefähr genauso viel wie ein Ford, aber niemand würde die Besitzer dieser Autos wohl in einen Topf werfen. So wie unsere Kleidung laut und deutlich unsere Gruppenzugehörigkeit verrät, so verschweigt auch das Auto nicht die sozialen Merkmale seines Besitzers. Ein Auto mag etwas sein, das wir fahren, aber in erster Linie ist es etwas, das wir *tragen*.

Es gibt einen amüsanten Test, mit dem man diese besondere symbolische Funktion des Autos demonstrieren kann: Man frage in seinem Bekanntenkreis, was wohl das Lieblingsgericht der verschiedenen Autobesitzer sein mag: in welche Art von Restaurant beispielsweise ein BMW-Fahrer essen gehen und was er dort vermutlich bestellen würde. Auf diese Weise kann man die unbewußten Stereotype leicht zutage fördern. Ford-Besitzer würden sich wahrscheinlich für den guten alten Braten oder ein Kotelett entscheiden. Der Fahrer einer Ente dürfte Vegetarier sein. Wer einen Fiat oder Citroën besitzt, bevorzugt wahrscheinlich auch in der Küche die Nationalität seines Autos. Der Cadillac-Fahrer bestellt zweifellos »surf and turf« — Filetsteak mit Hummer.

Das Merkwürdige an solchen Stereotypen ist, daß sie mehr als nur ein Gran Wahrheit enthalten. Wie kommt das? Nun, bei der Entscheidung für ein Auto denken wir — wenn auch meist unbewußt — an die Gruppe von Menschen, zu der wir, wenn wir die Wahl hätten, gerne gehören würden. Entspricht unsere Wahrnehmung vom typischen Fahrer einer bestimmten Marke unserer Wunschvorstellung von uns selbst, so steht zu erwarten, daß wir diesen Wagen kaufen. Ruft hingegen ein Autotyp in uns das Image einer Gruppe hervor, in deren Gesellschaft wir uns nicht wohlfühlen würden, so gehen wir weiter und sehen uns nach anderen Modellen um. Gewiß spielen bei unserer Entscheidung auch finanzielle Überlegungen, Wirtschaftlichkeit und Zuverlässigkeit des Wagens und der-

Selbst die Ferngläser beim Pferderennen haben symbolische Bedeutung. Um solchen Anlässen zu entsprechen, müssen sie in Großbritannien wuchtig und von der »richtigen« Firma sein. Kleine Fernrohre, mögen sie technisch noch so ausgereift sein, können ihrem Besitzer Hohn und Spott eintragen.

gleichen eine Rolle, aber was letzten Endes beim Kauf den Ausschlag gibt, ist ein elementares Gefühl der Gruppenzugehörigkeit.

Moderne Artefakte

In der modernen Gesellschaft hat nicht nur das Auto einen symbolischen Status. Auch andere alltägliche Gebrauchsgegenstände können zu Kult-Artefakten werden, weil sie von einem bestimmten Designer entworfen wurden und daraufhin mit dem erlesenen Stamm der »Connaisseure« in Verbindung gebracht werden. So ist der »Filofax« (Manager-Kalender) heutzutage ein Muß für Leute aus bestimmten Gruppen und mit bestimmtem Lebensstil — erst recht, wenn er in einem Aktenkoffer aus Aluminium transportiert wird, in dem sich weitere Kultobjekte wie etwa ein Federhalter von Rotring oder ein Taschenrechner von Braun befinden.

Deyan Sudjic hat in seinem Buch *Cult Objects* darauf hingewiesen, daß eine Vielzahl von Gegenständen als identifizierendes Stammesmerkmal dienen und in bestimmen Kreisen, die die verborgene Symbolik verstehen und schätzen, ein Gefühl der Zugehörigkeit auslösen kann. Er gibt dabei zu bedenken, daß ein Kultobjekt zwangsläufig ein maschinelles Produkt aus der Massenfertigung sein muß, weil nur so gewährleistet ist, daß es in ausreichender Menge und identischer Form zur Verfügung steht.

Der Kultstatus eines Gegenstandes ist aber nicht unbedingt von seinem Preis abhängig, obwohl es natürlich gewisse exklusive soziale Stämme gibt, die das Gefühl ihrer Solidarität aus der Symbolik des Geltungskonsums (»conspicuous consumption«) beziehen. Als typische Kultobjekte nennt Sudjic Perrier-Mineralwasser und Gauloises-Zigaretten. Auch der Mark-2 Ford Cortina, ein nicht sehr prestigeträchtiges Auto, soll in diesem Sinne fungiert haben: Er schweißte einen bestimmten Teil der britischen Arbeiterschaft zu einer Einheit zusammen — einer Einheit, von der die Fahrer noch billigerer Autos, etwa einer Vauxhall Viva oder eines Austin 1100, ausgeschlossen waren.

Ein Kultobjekt muß übrigens nicht unbedingt immer ausgefeiltes Design oder ästhetische Formen aufweisen. Kitschige *objets d'art* erreichen Kultstatus sogar hauptsächlich darum, weil sie dem »guten Geschmack« ein Greuel sind. Sie fungieren gleichsam als ironischer Insider-Witz, den nur die goutieren können, die sich ihres kultivierten Geschmacks so sicher sind, daß sie sich darüber lustig machen können.

Weitere Gegenstände, die so unverwechselbar sind, daß sie eindeutig als Embleme der Stammestreue fungieren, sind Leicas, Burberry-Mäntel, Stühle von Marcel Breuer und Schweizer Offiziersmesser. Man könnte ohne weiteres noch andere Beispiele für moderne — und nicht so moderne — Kultobjekte finden. So gesehen, sind wir das, was wir besitzen. Wenn eine hinreichende Anzahl von Menschen den gleichen Gegenstand oder die gleichen Gegenstände besitzt, entsteht ein sozialer Stamm, der alle Merkmale — Bindungen, Treue, gemeinsame Bräuche und gemeinsamen Lebensstil — seines Gegenstücks in den traditionellen Kulturen aufweist.

Essen und Trinken

Die Tatsache, daß wir den Besitzern bestimmter Autos einen bestimmten Geschmack in puncto Essen und Trinken zuordnen können, beweist, daß die von uns bevorzugten Speisen ebenfalls einen tiefen Symbolwert haben. Das wird am deutlichsten, wenn wir uns die Speisevorschriften der großen Religionsgemeinschaften ansehen. Sie alle kennen ganz bestimmte — und für Außenstehende oftmals befremdende — Regeln, was gegessen werden darf und was nicht. In einigen Fällen sind die einschlägigen Verbote bzw. Gebote ernährungswissenschaftlich durchaus zweckmäßig. Wie der Anthropologe Marvin Harris dargelegt hat, ist das jüdische Verbot von Schweinefleisch im Nahen Osten sinnvoll; Schweine können nicht schwitzen und sind daher an die Hitze in diesen geographischen Breiten schlecht angepaßt; außerdem ist in heißen Gegenden der Schweinebandwurm sehr verbreitet, der für den Menschen lebensgefährlich sein kann. Ähnlich gute Gründe gibt es bei den Hindus für die Verehrung der Kuh: Dieses Tier liefert in lebendigem Zustand mehr Nahrung in Form von Milchprodukten als geschlachtet in Form von Fleisch.

Abgesehen von solchen praktischen Aspekten dienen jedoch die Vorschriften über den Genuß bestimmter Speisen im wesentlichen dazu, die kollektive Identität einer religiösen Gruppe zu festigen und sie von den Anhängern anderer Lehren zu unterscheiden. Sich einem kodifizierten System religiöser Überzeugungen zu verschreiben, bedeutet im wesentlichen, sich in einen Stamm von Menschen einzureihen, die diese Überzeugungen teilen. Dieser Stamm kann eine riesige Anzahl von Mitgliedern haben und über die ganze Erde verbreitet sein; es gibt aber auch bestimmte soziale Gruppierungen, die sich um eine Kirche, einen Tempel oder eine vergleichbare religiöse Einrichtung scharen.

Speisegewohnheiten binden die Gläubigen enger aneinander und geben der Stammeseinheit eine neue Dimension. Das wird vielleicht am deutlichsten an dem komplexen System von Regeln, die bestimmen, welche Speisen den orthodoxen Juden erlaubt sind, wie sie zubereitet werden müssen und wie sie miteinander vermischt werden dürfen. Die einzelnen Vorschriften stammen aus der Thora, d. h. den fünf Büchern Mose. Die Thora ist das heiligste Buch des Judentums; das Wort bedeutet »Lehre«. In diesen Schriften findet sich eine klare Unterscheidung zwischen »reinen« und »unreinen« Tieren, d. h. zwischen solchen, die gegessen und solchen, die nicht gegessen werden dürfen.

Um »rein« zu sein, muß ein Tier gespaltene Klauen haben und Wiederkäuer sein. Damit sind Schweine ausgeschlossen, die zwar gespaltene Klauen haben, aber nicht wiederkäuen; andererseits sind auch Kamele ausgeschlossen, weil sie zwar wiederkäuen, aber keine gespaltenen Klauen haben. Andere für Juden verbotene Speisen, die von Nichtjuden gerne gegessen werden, sind Raubvögel, Kriechtiere, Insekten und Nagetiere. »Reine« Fische müssen Flossen und Schuppen haben, was den Genuß von Aal und von Schalentieren ausschließt.

Das Gesetz des orthodoxen Judentums beschränkt nicht nur den Speisezettel des Gläubigen; es erteilt auch genaue Anweisungen über das rituelle Schlachten (»Schächten«) von Tieren und über die Zubereitung von Speisen. So gilt Blut als heilig, weshalb der Genuß von Blut tabu ist. Das bedeutet, daß das Blut eines Tieres beim Schächten vollständig abfließen muß. Hierfür sorgt der Schächter (Schochet), über dessen Tun und Lassen ein Rabbi wacht. Der Schächter durchschneidet dem Tier Luft- und Speiseröhre und läßt das Blut aus dem Körper abfließen. Um das Fleisch wirklich »koscher« zu machen, muß auch das im Gewebe verbliebene Blut durch eine komplizierte Prozedur beseitigt werden. Erst dann eignet sich das Fleisch zum Kochen und zum Verzehr.

Die Vorschriften über das Zubereiten von Fleisch beziehen sich hauptsächlich darauf, daß »Fleischiges« von »Milchigem« zu trennen ist. Es ist nicht nur untersagt, ein Gericht zuzubereiten, das sowohl Milch als auch Fleisch enthält, man muß auch genug Kochgerätschaften bereit halten, damit Gerichte dieser Art nie miteinander in Berührung kommen. Ferner muß der orthodoxe Jude nach dem Genuß von Fleisch mindestens sechs Stunden lang auf den Verzehr von Milchprodukten verzichten; eine Tasse Kaffee mit Milch oder etwas Schlagsahne als Nachtisch sind also verboten.

Dem Außenstehenden mag es nicht einleuchten, daß solche Praktiken aus Gesundheits- und Hygienegründen notwendig sein sollen. Als Begründung der Speisegesetze gilt u. a. eine dunkle Stelle im 5. Buch Mose, wo es heißt »Du sollst das Zicklein nicht kochen in seiner Mutter Milch«, doch kann dergleichen den Nichtgläubigen nicht überzeugen. Aber das ist ja gerade das Bemerkenswerte an Ritualen und Regeln dieser Art. Sie dienen nicht der Gesundheit oder anderen funktionalen Zwecken, und doch sind gerade sie Symbole für die kollektive Einheit der Juden. In 2000 Jahren erbarmungsloser Verfolgung haben die Mitglieder der jüdischen Gemeinden ihre religiöse und soziale Identität auf mannigfache Weise zu wahren gewußt, nicht zuletzt eben durch die genaue Befolgung bestimmter Speisevorschriften.

Ähnliche Gesetze finden sich auch im Islam. Die Vorschriften über das Schlachten entsprechen fast aufs Wort den jüdischen Anweisungen über das Schächten. Der Koran untersagt den Genuß von Schweinefleisch — das Schwein ist dem Koran ein solcher Greuel, daß es »das Schwarze« genannt wird. Doch gibt es eine wichtige Speisevorschrift, die die Muslime von den Juden unterscheidet, nämlich das Verbot des Genusses alkoholischer Getränke. Auch in den Anweisungen darüber, *wie* zu essen ist, unterscheiden sich die beiden Religionen: Die Muslime dürfen nur mit der rechten Hand und mit ausgezogenen Schuhen essen und müssen nach beendeter Mahlzeit den Teller ablecken.

Das bekannteste hinduistische Speisetabu hat seinen Ursprung in der Verehrung der Kuh. Der Kodex des Manu, der u. a. auch Speisegesetze enthält, verurteilt das Schlachten von Rindern als lästerlichen Frevel, der mit strengen Strafen zu ahnden ist. Daß gerade dieses Tier als besonders heilig gilt, hängt vermutlich mit der Nützlichkeit des Rindes in der agrarischen Kultur des alten Indien zusammen. Die Kuh fungierte als Zugtier vor dem Pflug und lieferte Milch; ihr getrockneter Dung diente im Winter als Heizmaterial. Die hinduistische Mythologie bietet freilich eine ganz andere Erklärung: Die Kuh wurde von dem Gott Brahma am selben Tag erschaffen wie die Brahmanen, die höchste aller indischen Kasten, und so kommt ihr der gleiche Status zu wie den Angehörigen dieser Kaste.

Dieses Kastensystem spiegelt sich auch in den Speisegewohnheiten von Hindus unterschiedlichen Ranges wider. Brahmanen, die privilegiertesten Exponenten der indischen Kultur, sind zum größten Teil Vegetarier, und zwar so strenge, daß sie nicht einmal Eier essen. Allgemein kann man sagen: je niedriger die Kaste ist, desto weniger Verbote gibt es, was den Fleischgenuß betrifft (das gilt nicht für Rindfleisch, dessen Verzehr allen Kasten untersagt ist); allerdings kommen anderweitige religiöse Einflüsse hinzu, die das Ganze noch komplizieren. So kann der Gott, den eine Familie verehrt, bestimmen, ob Fleisch gegessen werden darf oder nicht, und falls ja, welche Tiere »rein« sind. Die meisten Hindus der höheren Kasten essen weder Schweine- noch Hühnerfleisch, zum Teil aus religiösen Gründen, zum Teil aber auch, weil diese Tiere als Aasfresser gelten. Nur in den allerniedrigsten Kasten nicht verboten sind Pilze, Zwiebeln, Knoblauch und Rüben.

Die Speisegewohnheiten der einzelnen Hindus entsprechen ihrem Rang in der komplizierten Kastenhierarchie. Am Beispiel der Kleidung und des Körperschmucks haben wir gesehen, daß in traditionellen Kulturen die Ranghöchsten mitunter den schlichtesten Stil verkörpern. Das Vegetariertum der Brahmanen unterstreicht ihre führende Position durch die Symbolik bescheidener Frömmigkeit und Nähe zu Brahma.

Das Kastensystem gilt auch in bezug auf den traditionellen Lebensmitteltausch. Im allgemeinen wird ein Hindu von einer Person niedrigeren Ranges keine gekochten Speisen annehmen; eine Ausnahme bilden rohes Obst und Gemüse. Es heißt, daß für den Brahmanen ein Gericht schon dann nicht mehr genießbar ist, wenn auch nur der Schatten eines Menschen niedrigerer Kaste darauf gefallen ist. Allerdings gibt es eine Ausnahme von dieser Regel, nämlich »ghee« oder geklärte Butter; denn diese stammt von der heiligen Kuh und kann daher selbst durch den Kontakt mit einem Angehörigen der untersten Kaste nicht verunreinigt werden.

Das Christentum ist in seinen vielen Varianten vielgestaltiger als die orthodox-jüdische und die hinduistische Religion, was sich auch in der Mannigfaltigkeit der symbolischen Rollen der Speisen widerspiegelt. So war es den römisch-katholischen Christen bis vor kurzem untersagt, freitags Fleisch zu essen; allerdings ist

Für viele Papuas ist der Herzog von
Edinburgh eine Kultfigur, wie die
ehrerbietige Zurschaustellung seines
Fotos beweist.

dieses Verbot mittlerweile gelockert worden und gilt nur noch für die Fastenzeit. Gleichwohl gibt es noch heute aus Rücksichtnahme auf katholische Eßgewohnheiten in vielen Schul- und Werkskantinen am Freitag Fisch mit Pommes frites.

Speisezeremonien

Von allen Christen haben vermutlich die Adventisten die strengsten Speisesitten. Sie erinnern zum Teil an die der Juden. So wird der Sabbat am Samstag (und nicht wie bei den anderen Christen am Sonntag) gefeiert, und da dieser Tag der Ruhe und Besinnung zu dienen hat, muß die Hauptmahlzeit für diesen Tag bereits am Freitag vorbereitet werden.

Die meisten Adventisten essen grundsätzlich vegetarisch, doch sind Eier und Milchprodukte erlaubt. Dies steht im Einklang mit der vom Apostel Paulus empfohlenen gesunden Lebensweise. Getränke wie Tee oder Kaffee werden im allgemeinen gemieden, ebenso Gewürze, Pfeffer, Senf und noch einige andere Würzmittel, die schädlich für das Verdauungssystem sein sollen.

In anderen christlichen Religionen ist der Verzehr von Fleisch nicht nur allgemein üblich, sondern beim rituellen Festmahl sogar erwünscht. In den meisten Fällen gibt es aber auch hier vorgeschriebene Fastenzeiten, in denen nicht nur viele Speisen verboten sind, sondern überhaupt Mäßigung im Essen und Trinken verlangt wird. Die Fastenregeln können sehr kompliziert sein, so in der orthodoxen Ostkirche. Hier geht der normalen vierzigtägigen Fastenzeit eine dreiwöchige Vorfastenzeit voran. Am dritten Sonntag der Vorfastenzeit (Apkreos) und in der anschließenden Woche werden in jeder Familie die vorhandenen Fleischvorräte aufgebraucht. Am Sonntag darauf werden alle Milchprodukte verbraucht, und von nun an bis zum Ostersonntag sind alle tierischen Erzeugnisse verboten. An zwei Tagen der Fastenzeit — am Palmsonntag und an Mariä Verkündigung (25. März) — ist der Genuß von Fisch erlaubt. Am Karfreitag wird Linsensuppe gegessen, zum symbolischen Gedenken an die Tränen der Jungfrau Maria; sie wird mit Essig angemacht, zur Erinnerung an den Trank, der Christus am Kreuz gereicht wurde. Das Ende der Fastenzeit feiert man mit der »Mageritsa«, einer Suppe aus Innereien; danach gibt es Lammbraten. Man bäckt runde Brote und verziert sie mit harten Eiern, die symbolisch in der Farbe des Blutes gefärbt sind.

Vergleichbare Speiserituale gibt es auch in traditionellen Kulturen, wo sie eine gleiche symbolische Funktion haben. So gibt es bei den Samburu, die in den Trockengebieten Nord-Kenias wohnen, genaue Vorschriften darüber, welche Speisen während der Initiationszeit genossen werden dürfen. Das einzige Fleisch, das Novizen essen dürfen, ist Hammelfleisch. Im Gegensatz zu den normalen Tischsitten der Samburu, die mit den Fingern essen, müssen Initianden das Hammelfleisch mit Stäbchen essen.

In manchen traditionellen Kulturen können Speisen eine magische Bedeutung in bestimmten Ritualen haben. So dienen die Gemüse-Curries, die in verschiedenen Kulturen Neu-Guineas den jungen Initianden gereicht werden, nicht nur der leiblichen Stärkung, sondern auch der Abwehr von Gefahren. Mitunter ist der Genuß bestimmter Gerichte mit Status- oder Geschlechtsrollen im Stamm verbunden; bei den Wogeo-Insulanern Neu-Guineas dürfen Frauen nicht vom zeremoniellen Rostbraten essen, weil man glaubt, daß sie sich daran vergiften würden.

Die Anthropologin Margaret Mead hat (in ihrem Buch *Jugend und Sexualität in primitiven Gesellschaften*, Band 2: Kindheit und Jugend in Neu-Guinea) über die symbolische Funktion der Speisen bei Eintreten der Pubertät bei den Mädchen der Manus auf Neu-Guinea berichtet. Mit dem Einsetzen der Menstruation ist es dem Mädchen untersagt, bestimmte Puddings wie *tchutchu* oder solche aus Taroblättern zu essen; auch darf sie weder die *ung* genannten Früchte noch Schalentiere verzehren. Alles, was sie essen darf, muß auf einem besonderen Feuer und in besonderen Gefäßen zubereitet werden. Nach Ablauf der ersten fünf Tage findet für das Manus-Mädchen ein Fest statt, das die rituelle Funktion hat, ihre Befreiung von den Tabus zu feiern. Bei dieser Mahlzeit — die im wesentlichen aus Sago-Kuchen besteht — herrscht eine ausgelassene Stimmung. Sieben Tage später findet ein weiteres Festessen mit dreierlei Gerichten statt: Puddings aus Taro und Kokosnußöl, Kuchen aus Kokosnüssen und Sago sowie Pudding aus Taro und gerösteten Kokosnüssen; alles wird sorgfältig in geschnitzten Schüsseln aufgebaut. Schließlich werden unter den Festgästen auch Schüsseln mit Suppe und Fisch ausgetauscht.

Das abschließende Fest, auf dem der Übergang des Mädchens vom Kind zur geschlechtsreifen Frau gefeiert wird, findet weitere fünf Tage später statt; wiederum spielt die Zubereitung von Taro eine Rolle, das diesmal mit Betelnüssen verziert wird. Dem Mädchen wird von seiner Großmutter mütterlicherseits Taro in den Mund geschoben; dazu murmelt die alte Frau Beschwörungen und besingt die rituelle Bedeutung des Taro. Zuletzt beginnen die Vorbereitungen für die Verlobung der jungen Frau und für die Heiratszeremonien, die ebenfalls mit dem Austausch und Verzehr von kunstvoll aufgebauten Speisen verbunden ist.

In der modernen Gesellschaft kommt die symbolische Bedeutung von Speisen am klarsten in Japan zum Ausdruck, wo man ungeachtet aller Modernität zäh an traditionellen Ritualen und Zeremonien festhält. Alle Speisen werden mit einer für westliche Augen geradezu zwanghaften Beachtung von Formen und Äußerlichkeiten zubereitet und aufgetragen. Absoluter Höhepunkt der gesellschaftlichen Rituale ist die traditionelle Teezeremonie.

Für westliche Menschen sind Form und Detailstrenge der japanischen Teezeremonie schlechthin unergründlich: Es ist, wie beim Zen, einfach unmöglich, dieses Ritual mit den Ausdrücken und Begriffen westlicher Sprachen zutreffend zu erfassen. Für viele japanische Wörter und Wendungen gibt es keine direkte Übersetzung; dazu kommt, daß die Teezeremonie ohne genaue Kenntnis ihres kulturellen Hintergrundes zwangsläufig undurchsichtig und rätselhaft bleiben muß.

Der Zweck der Zeremonie ist dennoch ziemlich klar: Wie alle Rituale dient sie dazu, den Beteiligten eine bestimmte Botschaft zu übermitteln. Einerseits ist die Teezeremonie lediglich eine ästhetische, mystische Erfahrung ohne erkennbare Logik — eine Kunstform für sich. Andererseits trägt sie erheblich dazu bei, die Menschen nicht nur in ihrem kollektiven Streben nach einer hohen Bewußtseinsstufe, sondern auch nach Gruppenidentität zu vereinen. Den Sinn der Teezeremonie zu verstehen bedeutet, einem erlesenen Kollektiv anzugehören, das die Werte des Zen-Buddhismus hochhält und eine Alternative zu der unaufhaltsam fortschreitenden Verwestlichung der japanischen Gesellschaft sucht.

Unkundige haben in *chakai* (Tee-Zusammenkünften) Gelegenheit, die Anfangsgründe der Teezeremonie zu erlernen; dabei stehen den Teilnehmern unterschiedliche Formen des Rituals zur Wahl. Oftmals buchen Unternehmen oder Organisationen eine solche Zeremonie für ihre Angestellten oder Mitglieder. Im Mittelpunkt steht dabei der Begriff *tatemae* (gesellschaftlicher »Benimm«). Die Zeremonien konzentrieren sich auf stark formalisierte Interaktions- und Etikettemuster, durch die soziale Harmonie geschaffen und die kollektive Bindung vertieft werden sollen. Das Ritual dient dazu, Wohlwollen gegen andere zu kanalisieren, und macht das Engagement des einzelnen in der Gruppe sichtbar.

Die Teezeremonie im ganzen hat eine ungemein komplexe Struktur und setzt sich aus verschiedenen Stufen mit jeweils eigener symbolischer Bedeutung zusammen. Die in Teezeremonien bewanderte Dorinne Kondo von der Harvard University hat eine ausführliche Analyse der einzelnen Komponenten vorgenommen und ihre symbolischen Funktionen erklärt.

In der Ura-Senke-Schule zum Beispiel gibt es neun Stufen, und das Ritual dauert mehrere Stunden. Die einleitende Stufe heißt *zenrei;* dabei werden eine Woche vor der Zeremonie die Einladungen verschickt. Es gibt immer einen Ehrengast, der nach ergangener Einladung persönlich beim Gastgeber vorsprechen und sie bestätigen muß. Bei der Ankunft im Teegarten warten die Gäste, bis die Trittsteine im Eingang mit Wasser besprengt worden sind; dann begeben sie sich in einen Raum im äußeren Garten, um die Kleidung zu wechseln. Die Gruppe zieht saubere Socken an und begibt sich in ein Wartezimmer. Von dort geleitet der Ehrengast *(shokayaku)* die anderen Gäste im Gänsemarsch zu dem Tor, das in den inneren Garten führt und das der Gastgeber offenstehen lassen hat. Hier begibt sich die Gruppe zu einem steinernen Wasserbecken, um Hände und Mund zu reinigen.

Auf der nächsten Stufe, *seki-iri*, müssen die Gäste ihre Plätze einnehmen. Dazu gehört, daß sie das Teezimmer durch einen niedrigen Gang betreten; die hierbei nötige gebückte Haltung soll die Unterwürfigkeit der Gäste zum Ausdruck bringen. An diese Stufe schließt sich das *shozumi* an, die vom Gastgeber vorgenommene, rituelle Herrichtung der Kohle, auf der das Teewasser erhitzt wird. *Kaiseki* heißt die Stufe, auf der den Gästen etwas zu essen angeboten wird; jeder Gast erhält ein Tablett, auf dem eine Schüssel Reis sowie Suppe, Gemüse und Fisch stehen. Der Gastgeber selbst nimmt an der Mahlzeit nicht teil, sondern schenkt Sake aus. Danach verlassen die Gäste das Teezimmer und warten wieder im Garten; diese Stelle in der Zeremonie heißt *nakadachi*, »mittlerer Stand«. Das Ertönen eines Gonges zeigt an, daß es Zeit ist, in den Teeraum zurückzukehren und sich dem Höhepunkt der Zeremonie zuzuwenden, dem *koicha*. Jetzt wird der starke Tee gebrüht, wobei den genauen Einzelheiten des Rituals, etwa der korrekten Reinigung der verwendeten Meßlöffel und Geräte, große Aufmerksamkeit geschenkt wird. Die Gäste trinken einer nach dem anderen aus derselben Schale, die jedesmal ausgewischt wird, bevor man sie dem Gastgeber zurückreicht. Wenn der Tee getrunken ist, wird das Feuer erneut angefacht; diese Stufe heißt *gozumi* und geht der letzten unmittelbar voran, dem *usucha* (Ritual des schwachen Tees). Der Ehrengast bittet den Gastgeber, die Zeremonie zu beenden, und alle dabei verwendeten Geräte werden in der umgekehrten Reihenfolge aus dem Zimmer hinausgetragen, wie sie hineingelangt sind. Die Gäste verabschieden sich mit einer stummen Verbeugung vom Gastgeber, der unter der Tür stehenbleibt, bis der letzte Gast seinem Blick entschwunden ist.

Die Komplexität solcher Zeremonien hat vieles gemeinsam mit den Riten der westlichen Kirchen. Doch ist die Teezeremonie trotz ihrer Einbettung in Zen-Lehren und Zen-Traditionen im wesentlichen ein gesellschaftlicher Anlaß, bei dem die Beziehungen der Teilnehmer zueinander durch die gemeinsame Kenntnis der Zeremonie und die Beteiligung am Ritual vertieft werden.

In traditionellen wie in modernen Gesellschaften dienen gemeinsames Essen und rituelle Mahlzeiten dazu, Mythen und religiöse Lehren zu perpetuieren und Übergangsriten symbolisch zu begleiten — man denke nur an die traditionellen Speisen, die bei der jüdischen Bar-Mizwa-Feier gereicht werden. Allerdings ist in modernen Gesellschaften die Bedeutung des Essens für die Stiftung kollektiver Einheit nicht auf derartige »fromme« Zusammenhänge und Ereignisse beschränkt. In der säkularen Welt können wir sehen, welche entscheidende Rolle Mahlzeiten und Eßstile bei der Entwicklung und Erhaltung von Stammesbindungen spielen.

Das ist besonders gut an Abendgesellschaften zu beobachten — den Diners aus feierlichen Anlässen, bei denen zwar das Essen im Mittelpunkt steht, deren eigentliche Funktion aber die Festigung von Beziehungen und die Erfüllung sozialer Verpflichtungen sind. Es ist heutzutage praktisch in keiner modernen Gesellschaft möglich, jemanden in seine Wohnung einzuladen, ohne ihm »Speis und Trank« anzubieten. Wir bitten die Leute zum Kaffee, Tee, Brunch und so weiter — aus dem uns oft unbewußten Grund heraus, daß wir durch das gemeinsame Essen und Trinken die Peinlichkeit überspielen wollen, einem Menschen »nur so« die Freundschaft anzutragen. Diners sind nur die förmlichsten Mahle dieser Art. Sie können auch anderen Zwecken dienen, etwa der Demonstration von Status,

Zeremonielles hinduistisches Festessen in Madras.

Reichtum oder auch Ergebenheit: Wir laden den Chef zum Essen ein, um ihm unsere Ehrfurcht zu bezeigen, hoffen aber zugleich, durch die Qualität des Essens und die Vorzeigbarkeit unserer Gattin im Ansehen zu steigen.

Einen entschieden ritualistischen Charakter hat das gemeinsame Essen natürlich bei den »Foodies«, den heutigen Super-Gourmets, denen Saucen und Süßspeisen einer bestimmten *haute cuisine* als sozialer Kitt dienen. Bei ihnen wird das kollektive Interesse an gastronomischer Üppigkeit und Raffinesse zum Kult; verstärkt haben diesen Trend in den letzten Jahren das immer größer werdende Angebot an ausländischen Nahrungsmitteln und Dinge wie die *nouvelle cuisine*. Die Angehörigen der Foodie-Stämme — von deren immer größer werdender Zahl die Fülle von Spezialkochbüchern zeugt — urteilen nach dem alten materialistischen Spruch »Der Mensch ist, was er ißt«. Die Kunst, eine Speisekarte zu enträtseln und sachverständig aus der Weinkarte zu wählen, dient als identifizierendes Stammesmerkmal.

Es mag etwas weit hergeholt erscheinen, diese modernen Feinschmecker-Stämme mit religiösen Sekten traditioneller Gesellschaften zu vergleichen, aber Parallelen sind zweifellos vorhanden. Die Heiligen Schriften der »Foodies« sind Bücher wie der Michelin-Führer oder der Gault Millau, mit deren Hilfe man zu jenen heiligen Stätten findet, wo man »richtig« ißt. Das Servieren der Speisen hat dort die Aura einer Hohen Messe und der *chef de cuisine* einen kurzen Auftritt als Hoher Priester der kulinarischen Magie.

4 | SEXUALITÄT UND BRAUTWERBUNG

JEDE MENSCHLICHE KULTUR, die »primitive« (im Sinne einer eingeschränkten Entwicklungs- und Reflexionsstufe) ebenso wie die moderne, steht vor der schwierigen Aufgabe, geschlechtliche Betätigung und sexuelle Beziehungen ihrer Mitglieder regeln zu müssen. Bei anderen Lebewesen werden Partnerwahl und Fortpflanzung hauptsächlich von Instinkten gesteuert. Bei den meisten Tierarten sind die Weibchen nur zu bestimmten Zeiten sexuell empfänglich, in denen sie dann Signale in Form von Gerüchen aussenden, um den in Frage kommenden Männchen ihre Begattungsbereitschaft mitzuteilen. Gleichwohl ist die Begattung keineswegs ein Ergebnis des Zufalls. Bei allen sich geschlechtlich fortpflanzenden Arten besteht die Notwendigkeit, sich vor den Risiken der Inzucht zu schützen; mit anderen Worten, der Inzest muß reguliert oder verhindert werden, wenn die Art überleben soll. Bei Tieren geschieht dies auf unterschiedliche Weise: durch genetisch vorprogrammierte Reaktionen, territoriale Trennung des Nachwuchses von den Erzeugern, die Errichtung von Dominanzhierarchien, durch die der Zugang zu sexuell empfänglichen Weibchen auf hochrangige Männchen beschränkt wird, usw.

Menschliche Gesellschaften verfügen über ähnlich hohe Sicherheitsvorkehrungen durch Regeln, die zwar im einzelnen von Kultur zu Kultur variieren mögen, deren Form und Funktion aber im wesentlichen überall gleich sind. Vorkehrungen dieser Art sind bei unserer Spezies um so wichtiger, als die menschliche Frau, im Gegensatz zu den Weibchen unserer nächsten Verwandten unter den Primaten, fast immer sexuell empfänglich ist. Diese Besonderheit des Menschen wird mit seiner Entwicklungsgeschichte in Verbindung gebracht, in deren Verlauf er vom Vierfüßler zum aufrecht stehenden Zweibeiner wurde. Um auf zwei Beinen stehen zu können, mußte der Hormonausstoß unseres Körpers größer sein als früher, damit für die nötige Energie gesorgt war. Bei Frauen hängen diese Hormone auch mit Sexualität und Fortpflanzung zusammen. So kam es, daß wir uns zu einer Spezies entwickelt haben, der die geschlechtliche Betätigung praktisch immer möglich ist.

Diese gesteigerte Sexualität der menschlichen Rasse war nach Ansicht mancher Gelehrter ausschlaggebend für die Entwicklung eines stammesmäßig organisierten Zusammenlebens der Menschen und überhaupt ihrer sozialen Interaktion miteinander. Die dauernde Verfügbarkeit sexuell empfänglicher Geschlechtspartner hatte den Effekt, daß die Männer ständig miteinander konkurrierten. Diese Konkurrenz wiederum gehörte wesentlich zum adaptiven Prozeß, doch trug seine Regulierung dazu bei, Männer wie Frauen enger an ihre soziale Gruppe zu binden. Die Gruppenbande wurden durch die Regeln und Tabus in bezug auf die geschlechtliche Betätigung gefestigt.

Ehe

Die universelle Lösung für das Problem, die Geschlechtsbeziehungen zwischen den Menschen zu regeln, ist — seit Jahrtausenden nun schon — die Ehe. Man kann die Ehe definieren als gesellschaftlich sanktionierte Geschlechts- und Wirtschaftsgemeinschaft zweier oder mehrerer Menschen. Zur Eheschließung gehört ein förmlicher Vertrag, der als Gegenleistung für sexuelle Verfügbarkeit das Eingehen bestimmter Verpflichtungen vorsieht. Der Ehevertrag wird im allgemeinen zwischen einem Mann und einer Frau oder mehreren Frauen geschlossen. Insofern kann man die Ehe nicht nur als Mittel zur Regelung des Sexual- und Fortpflanzungsverhaltens, sondern auch als Mechanismus

Hochzeitsfeier bei orthodoxen Juden. Die Stammestraditionen der jüdischen Kultur werden in einem modernen Speiserestaurant fortgeführt; Trennwände scheiden die Männer von den Frauen.

zur Aufrechterhaltung der Vormachtstellung des Mannes betrachten. In den frühen Hominiden-Gesellschaften scheinen die Männchen Partnerwahl und das Eingehen einer festen Bindung dazu ausgenutzt zu haben, von der Nahrungssuche und Sammeltätigkeit der Weibchen zu profitieren. Eine derartige Bindung verlangte einerseits weniger Arbeit von den Männchen und sicherte andererseits die Unterwürfigkeit der Weibchen. Derartige Einstellungen zu Geschlechtsrollen prägen unverkennbar gewisse förmliche Ehezeremonien in der traditionellen wie in der modernen Welt. Dazu kommt, daß mit der Ehe für gewöhnlich die Aufzucht der Kinder verbunden ist, was normalerweise eine weitere Isolierung der Frau und ihren Ausschluß von den Macht- und Herrschaftsmechanismen der Kultur zur Folge hat.

Aber die Ehe reguliert nicht nur das Sexualverhalten und erhält das Machtgleichgewicht oder -ungleichgewicht zwischen den Geschlechtern; sie hat darüber hinaus noch eine andere Funktion. Nur selten ist eine Eheschließung allein Sache der beiden beteiligten Personen; meistens bedeutet sie auch Schließung eines Bündnisses zwischen zwei Verwandtschaftsgruppen. Daß dem so ist, geht aus der Eigenart der sprachlichen Begriffe hervor, mit denen wir die so entstandenen Verwandtschaftsbeziehungen bezeichnen. Allein dadurch, daß wir Wörter wie »Schwiegermutter« oder »Schwager« haben, wird uns bewußt, daß die Eheschließung nicht nur die Verbindung eines Mannes mit einer Frau ist, sondern daß mit ihr auch Erwartungen und Ansprüche an die Angehörigen der neu zusammengeführten Familien einhergehen. Diese Erweiterung des Netzes der sozialen Beziehungen ist für die Errichtung der meisten Stammeseinheiten entscheidend. Ob es sich um die schottischen Hochland-Clans handelt oder die amerikanischen Macht-Dynastien, die europäischen Königshäuser oder den britischen Adel, sie alle sind, um überleben zu können, auf den »richtigen« Ausbau eines Systems von Fa-

Ein Brautpaar vom Stamm der Samburu in Kenia mit dem Hochzeitsstab — Sinnbild der neu gestifteten Einheit.

milienbündnissen angewiesen, die auf selektiver Mischehe nebst nachfolgender Fortpflanzung beruhen.

Mit Rücksicht auf diese lebenswichtige Funktion der Ehe bleibt die Gattenwahl selten dem Zufall oder einer romantischen Laune überlassen. Das typische Verfahren in Asien ist die offiziell von den Eltern arrangierte Ehe. »Liebe« spielt bei der Wahl des Ehepartners keine entscheidende Rolle; man erwartet einfach, daß die gefühlsmäßige Bindung sich nach der Eheschließung schon einstellen wird. Wir bilden uns gerne ein, daß dies in westlichen Kulturen nicht so ist: Die Menschen heiraten, weil sie einander lieben, zusammenbleiben und eine Familie gründen wollen. Die Wirklichkeit sieht freilich anders aus. Wie in den meisten Stammesgesellschaften wählen wir den Ehepartner aus einer kleinen Schar von Menschen, die den gleichen Status, die gleiche Klassenzugehörigkeit, die gleichen Werte, den gleichen Lebensstil haben wie wir. Zwar gibt es Ausnahmen von dieser Regel — sogar recht viele —, aber das Grundprinzip weist doch große Ähnlichkeit mit jenen Gesellschaften auf, wo die Auswahlkriterien von den Familien des zu verheiratenden Paares formalisiert werden.

Arrangierte Ehen findet man häufig auch noch in Japan, und zwar auch in den wohlhabenden und verwestlichten Teilen der Bevölkerung. In ländlichen Gebieten sind fast dreißig Prozent der Ehen Verbindungen, die zwischen den Familien der beiden Hauptpersonen ausgehandelt worden sind; sie heißen *miai*. Auch die großen Firmen fungieren als inoffizielle Heiratsvermittler. Viele junge Frauen sind bereit, bei schlechtem Lohn und mit geringen oder gar keinen Aufstiegschancen in einem japanischen Großunternehmen zu arbeiten, nur weil sie hoffen, hier den richtigen Ehepartner zu finden.

Was ihnen dabei vorschwebt, ist weniger eine romantische Beziehung als eine wirtschaftlich gesicherte Zukunft.

Die wesentlichen Grundsätze darüber, wer wen heiraten kann, sind in den Begriffen Endogamie und Exogamie zusammengefaßt. Vereinfacht ausgedrückt, bedeutet Endogamie, daß man innerhalb der eigenen sozialen Gruppe oder Klasse heiraten muß, während Exogamie bedeutet, daß man sich seinen Partner außerhalb der unmittelbaren Gruppe suchen muß. Traditionelle Gesellschaften kennen in unterschiedlichem Umfang beide Heiratsformen. Im großen und ganzen wird Exogamie bevorzugt, wobei sogleich eine Einschränkung zu machen ist: Ob man eine Ehe als endogam oder exogam ansieht, hängt davon ab, wie man die Grenzen der Gruppe definiert. Inzesttabus und Verbote, die es in allen Kulturen gibt, verhindern so gut wie jede Endogamie innerhalb der nächsten Anverwandten. Was Vettern und Kusinen oder noch weiter entfernte Familienangehörige betrifft, sind die Regeln schon unterschiedlich. Geht man von einer sozialen Schicht oder Kaste als Grundgruppe aus, so ist Endogamie in der einen oder anderen Form in vielen Kulturen üblich.

In westlichen Gesellschaften gibt es feste Vorschriften, die die Endogamie in der Kernfamilie und zwischen den nächsten Anverwandten verhindern. Wenn wir den Gruppenbegriff allerdings weiter fassen, sind die meisten unserer Ehen endogam. Gewiß ist die Tendenz zur Endogamie nicht so ausgeprägt wie im indischen Kastensystem, wo Ehen zwischen Menschen verschiedener Kasten tatsächlich etwas Unerhörtes sind und eine Frau so gut wie nie einem Mann aus anderer Kaste zur Braut gegeben wird. Trotzdem sind die meisten westlichen Ehen darauf ausgerichtet, Schicht- und Klassengrenzen zu wahren; daß der Millionär das Küchenmädchen heiratet, kommt selten vor. Wo eine Ehe dennoch diese Grenzen überschreitet, wird man in der Regel feststellen, daß einer der beiden Partner aus seinem Milieu herausgerissen und in die Gruppe des anderen integriert wird. Dies ist am häufigsten dann zu beobachten, wenn eine Frau einen Mann heiratet, dessen Familie einen viel höheren Status hat als ihre eigene.

Eine völlig freie Wahl des Ehepartners würde schnell alle Sozialschranken in einer Kultur abbauen und damit das empfindliche Geflecht der sozialen Beziehungen zerstören. Andererseits würde Endogamie in strengem Sinne zu einem unerträglichen Maß an Inzucht führen und die Fortentwicklung der Kultur gefährden. Unsere modernen Gesellschaften finden ein Gleichgewicht zwischen Endogamie und Exogamie, das dem in »primitiven« Gesellschaften bemerkenswert nahekommt. Die gleichen elementaren Kräfte, die die Entwicklung des Stammeslebens vorangetrieben haben, sind auch in den zivilisierten Ländern der modernen Welt noch wirksam — auch wenn wir uns gern einbilden, wir könnten heiraten, wen wir wollten, ohne bei der Wahl unserer Sexualpartner irgendwelchen Zwängen zu unterliegen.

Polygamie

Ein zweiter wesentlicher Unterschied in bezug auf Eheschließungen ist der zwischen Monogamie und Polygamie. In Gesellschaften, die monogame Beziehungen bevorzugen, ist die Ehe eine Verbindung zwischen jeweils nur einem Mann und einer Frau. Den religiösen Heiratsritualen westlicher Gesellschaften wohnt die Vorstellung inne, daß die Ehe eine Verbindung für das ganze Leben sei und daß man, sobald man einen Partner gewählt hat, an keinen anderen mehr denken darf. Wie wir alle wissen, gibt es jedoch viele Fälle, in denen dieses Ideal nicht erreicht wird. Abgesehen von außerehelichen Beziehungen sind auch Scheidung und Wiederverheiratung häufig. Aus diesem Grund bezeichnet man unser System auch als Serien-Monogamie: Man kann immer nur *einen* Ehepartner haben — der kann jedoch von Zeit zu Zeit wechseln.

In traditionellen Gesellschaften hingegen kommt die Monogamie relativ selten vor. Viel häufiger ist die Polygamie, die in zwei »Haupt«-Formen auftreten kann. Einmal als »Polygynie« (»Vielweiberei«), wie man die Ehe eines Mannes mit zwei oder mehr

Zwei Heiraten im traditionellen Stil. *Oben* die relativ zwanglose Hochzeitsfeier eines palästinensischen Paares. Sehr förmlich hingegen die japanische Hochzeit *(gegenüber)*, bei der die Braut diesen einen Tag wie eine Prinzessin behandelt wird.

Frauen bezeichnet. Diese Art von »Ehepraxis« hat häufiger zur Folge, daß manche Männer überhaupt nie heiraten können, da die Zahl heiratsfähiger Frauen immer relativ knapp ist. Denn wie viele Frauen ein Mann hat, hängt davon ab, wie viele er ernähren und unterhalten kann. Dieses System begünstigt die älteren Männer, die sich unter Umständen bis zu einem Dutzend Frauen leisten können, und benachteiligt die jüngeren, die aufgrund ihres geringeren sozialen und wirtschaftlichen Status meistens erst heiraten können, wenn sie Ende dreißig sind.

Ein wesentliches Problem bei polygynen Ehen sind Streit und Eifersucht bei den beteiligten Frauen. In manchen Kulturen wird dies dadurch vermieden, daß der Mann für jede Frau und die von ihr geborenen Kinder einen eigenen Haushalt einrichtet. So ist es z. B. bei den Tonga, wo Eigentum und Finanzen des Ehemannes gerecht auf seine verschiedenen Haushalte verteilt werden. Bei manchen Völkern auf Madagaskar haben die Frauen noch weitergehende Rechte, hier muß der Mann auch seine Zeit gleichmäßig auf sie verteilen. Wer gegen dieses Gebot verstößt und den größten Teil seiner Zeit bei einer bestimmten Lieblingsfrau verbringt, gilt als ehebrüchig. In anderen Fällen, so etwa bei den Lacandon in Mexiko, sorgt ein hierarchisches System für Ordnung unter den Frauen. Die älteren Frauen haben gewisse Vorrechte; sie dürfen z. B. das Familienheiligtum mit Blumen schmücken und haben bestimmte Autoritätsbefugnisse gegenüber Neuzugängen im ehelichen Heim.

Allerdings gelingt es nicht immer, der Probleme im Zusammenhang mit polygynen Ehen Herr zu werden. Neuere Forschungen von Daphne Topouzis in Senegal haben gezeigt, welche Spannungen es häufig im Haushalt muslimischer Familien gibt, wo Polygynie die Regel ist. In einigen Fällen, in denen der Ehemann es sich leisten kann, wird für jede Frau ein eigenes Haus gebaut, doch meistens leben alle Frauen unter einem Dach, ja teilen sogar ein Schlafzimmer. Wie Topouzis berichtet, gibt die Begünstigung der neuesten oder jüngsten Frau Anlaß zu vielen Streitigkeiten. Mitunter werden ältere

Frauen und deren Kinder vom Ehemann regelrecht verstoßen und befinden sich dann in einer ähnlichen Lage wie bei uns Alleinerziehende.

Die Polygamie in Afrika entstand aufgrund der sozialen und ökonomischen Bedürfnisse in ländlichen Gemeinden, hat aber praktisch unverändert ihren Einzug auch in die neuen Städte gehalten — ohne Rücksicht auf den Wohlstand der Männer. Rund ein Drittel der senegalesischen Männer hat mehr als eine Frau, und die Polygamie wird, vor allem von Männern, als unverzichtbarer Bestandteil für den Fortbestand afrikanischer Traditionen und Kultur betrachtet.

In den USA ist Polygamie natürlich verboten, was jedoch die extrem stammesbewußten Mormonen nicht daran gehindert hat, die Polygamie einzuführen und an ihr festzuhalten.

Der Name der Mormonen kommt vom *Buch Mormon* her, der Bibel der »Kirche Jesu Christi der Heiligen der letzten Tage«, die der Begründer der Bewegung, Joseph Smith, in den dreißiger Jahren des vorigen Jahrhunderts niederschrieb. Nach mormonischer Darstellung wurde Smith von einem Engel zu einer Sammlung goldener Tafeln geführt, die im Staate New York in einem Wald vergraben lagen. Die Tafeln waren mit seltsamen Hieroglyphen bedeckt, die nur Smith zu entziffern vermochte, und erzählten, wie ein versprengter Stamm des Volkes Israel nach Nordamerika gezogen und wie ihm später der auferstandene Christus erschienen war. Neben dem *Buch Mormon* zeichnete Smith eine Reihe weiterer göttlicher Offenbarungen auf, darunter auch die Anweisung, daß würdige Mormonenmänner nach dem Vorbild der alttestamentarischen Propheten mehr als eine Frau nehmen sollten.

Die Einführung der Polygamie löste eine ganze Anzahl sozialer Schwierigkeiten, mit denen die Mormonen und die damalige Zeit überhaupt zu kämpfen hatten. Der neuen Religion schlossen sich zunächst mehr Frauen als Männer an, und infolge der hohen Säuglingssterblichkeit jener Zeit bei den Knaben in den von den Mormonen bewohn-

Doppelseite 106—107
Massenhochzeit der Mun-Sekte.

ten nordamerikanischen »Grenzgebieten« gab es deutlich mehr hilfsbedürftige Frauen als Männer. Selbst wenn wir die Offenbarungen Joseph Smiths nur als ein radikales soziales Experiment unter anderen betrachten, die in der nordamerikanischen Geschichte der Jahrhundertmitte nicht selten waren, oder sie — noch zynischer — lediglich als Mittel zur bequemeren Lustbefriedigung der Mormonenmänner verstehen, müssen wir doch zugeben, daß der mit der Polygamie verbundene Verhaltenswandel eine adaptive Reaktion auf das Ungleichgewicht zwischen Frauen und Männern war. So wie die Grundstrukturen in traditionellen Stammesgesellschaften unmittelbar die ökologische und ökonomische Basis der betreffenden Kultur widerspiegeln, erlaubte das religiöse Dogma der Mormonen die Expansion eines modernen Stammes, der denn auch seither kontinuierlich floriert.

Joseph Smith wurde 1844 von einem mormonenfeindlichen Pöbel ermordet, und die Führung der Kirche ging auf Brigham Young über. Er war es, der seine Anhänger auf den langen Treck über die Rocky Mountains in das unwirtliche Gebiet der Salzwüsten Utahs führte. Brigham Young, der 1877 starb, soll im Laufe seines Lebens mit 27 Frauen verheiratet gewesen sein, doch nie mit allen gleichzeitig. Zu seinen Lebzeiten und in der Einsamkeit der nordwestlichen amerikanischen Wüste erlebte die Polygamie bei den Mormonen ihre Hochform.

Offiziellen Chroniken zufolge währte die Praxis der Polygamie bei den Mormonen nur 51 Jahre. Doch gibt es in Salt Lake City, der »geistigen« Heimat der Mormonen, noch heute viele Männer, die offen in polygamer Ehe leben, obwohl es gegen das Gesetz verstößt. Und noch viel mehr Männer halten heimlich an der Praxis der Vielweiberei fest. Der Konformitätsdruck in Amerika ist jedoch beträchtlich, und das offizielle mormonische Dogma des »Living the Principle (Prinzipientreu leben)« wurde 1890 abgeschafft, damit Utah Teil der Union werden konnte. Dies geschah aufgrund einer weiteren und sehr gelegen kommenden Offenbarung des Kirchenobersten, worin die Anweisung zur Vielweiberei aufgehoben wurde. Seither sind viele polygame Familien von mormonischen Glaubensgenossen aus Utah verjagt worden. Diese Familien sind häufig in abgelegene Gebiete Montanas, Arizonas und Mexikos abgewandert, wo sie noch heute als geschlossene polygame Gemeinden am Rande der US-Kultur florieren und als eigene Stammeseinheiten wirken.

Die zweite Form von Polygamie, die Polyandrie, wo eine Frau zwei Männer hat oder noch mehr, kommt nur in wenigen Stammesgesellschaften vor allem Südasiens vor. In den engen Gebirgstälern des Himalaja begrenzt diese Form der Ehe auf wirksame Weise den Bevölkerungszuwachs, der nirgendwohin expandieren könnte. In einigen Fällen teilen sich mehrere Brüder eine Frau, um eine Zersplitterung des Familienerbes und -besitzes zu verhindern.

Zwar variieren die Ehesysteme von Kultur zu Kultur und tragen dabei jeweils in erster Linie ökonomischen Problemen Rechnung; aber sämtliche Systeme dienen der Regulierung und Ordnung der sexuellen Beziehungen. Allerdings wird auch vielfach gegen die Regeln verstoßen, und es gibt kaum eine Gesellschaft, in der nicht voreheliche und außereheliche Beziehungen anzutreffen wären. In unserer eigenen Kultur sind wir zwar im Prinzip für Monogamie, tolerieren aber auch Scheidung, Wiederverheiratung und Seitensprünge beider Geschlechter und akzeptieren voreheliche Sexualität. Unsere Erbschaftsgesetze erkennen heutzutage weitgehend die Ansprüche nichtehelicher Nachkommen an, und uneheliche Geburt ist nicht mehr so ein Stigma wie früher. Doch trotz all dieser »modernen« Entwicklungen und Liberalisierungstendenzen hat die Ehe in unserem Leben noch immer ebensoviel Bedeutung wie in einem afrikanischen Dorf.

Der Autor John Gillis hat die moderne britische Ehe mit der Ehe im vorindustriellen England verglichen und festgestellt, daß die üblichen Vorstellungen davon, wie sehr sich diese voneinander unterscheiden, ziemlich falsch sind. Die Ansicht, daß die Ehen im 16. und 17. Jahrhundert vorausgeplante Verbindungen ohne gegenseitige Liebe gewesen seien, erwies sich als Übertreibung und die Vorstellung von der ungehinderten Liebesheirat im 20. Jahrhundert als Märchen. Der Einfluß der Eltern bei der Partnerwahl ist noch immer stark, wenn es um die Annehmbarkeit eines Freundes oder einer

Freundin geht, und bei der Wahl des Ehepartners ist der steuernde Einfluß von Vater und Mutter noch deutlicher. Ja, in unserem 20. Jahrhundert ist die Gattenwahl wichtiger geworden als je zuvor.

Hochzeit und Flitterwochen

Die offene Promiskuität und das Zusammenwohnen Unverheirateter, wie sie in den sechziger Jahren aufkamen und in den siebziger Jahren gang und gäbe wurden, schienen zunächst die Ehe westlicher Art zu gefährden. Doch in Wirklichkeit änderten sich nur die Präliminarien etwas. Die Heirat wurde häufig hinausgezögert, und ihr ging eine längere Zeit »sündigen Zusammenlebens« voraus. Wenn die beiden dann schließlich doch heirateten, bevorzugten sie in zunehmendem Maße eine große Feier mit allem, was rituell und symbolisch dazugehörte.

Hochzeiten im traditionellen Stil sind üblicherweise die Domäne der wohlhabenderen Angehörigen moderner Gesellschaften. Weiter unten auf der sozio-ökonomischen Stufenleiter nimmt die Hochzeit häufig die Form eines unaufwendigen Rituals an, bei dem man im Kreise von Freunden, Verwandten und Trauzeugen Ringe oder andere symbolische Gaben tauscht und wohl auch einmal über einen Besen springt. Da jedoch ein immer größer werdender Teil der Bevölkerung heute über die notwendigen finanziellen Mittel verfügt, ist die Hochzeit großen Stils, mit feierlichem Zeremoniell und Kirchgang, wieder mehr und mehr in Mode gekommen.

Die Form der modernen Hochzeit — sei es die verschwenderisch ausgerichtete kirchliche Trauung oder die schlichte, privatere Zeremonie im Standesamt — hat, bei allen Unterschieden im Detail, vieles mit dem gemein, was man in traditionellen Gesellschaften findet. Die Hochzeit markiert den Höhepunkt einer offiziellen Brautzeit, die durch das Verlöbnis und/oder das kirchliche Aufgebot und Anzeigen gekennzeichnet ist. Man tauscht Versprechen und Gelübde, trägt besondere Kleider, verzehrt rituelle Speisen und knüpft neue Bande zwischen den beiden Verwandtschaftsgruppen. Im Hinblick auf den traditionellen Brauch der Mitgift wird vom Brautvater erwartet, daß er die ganze Feier bezahlt.

Die Komplexität der Heiratszeremonie in traditionellen Kulturen variiert beträchtlich, wie übrigens auch in westlichen Gesellschaften, aber das Grundmuster ist im allgemeinen gleich und leicht erkennbar und auch für Außenstehende verständlich. Wie der Anthropologe Michael Howard ausführt, kann eine Heiratszeremonie bereits darin bestehen, daß man der Familie der Frau Brennholz vor die Tür legt und danach seine Hängematte neben der der Frau anbringt. Dieses Ritual, das bei den Tapirapé-Männern vorkommt, symbolisiert bei aller Schlichtheit das neue Einverständnis zwischen dem Mann und der Frau und kommt praktisch einer öffentlichen Bekanntmachung der neuen Beziehung gleich.

In fortgeschritteneren Agrargesellschaften sind die Zeremonien meist komplizierter; es gibt dann voreheliche Bräuche, Zeiten der Isolierung der Braut, rituelle Speisen und Kleider und förmliche Interaktionen zwischen den beiden beteiligten Familien. Ferner gibt es oft Prozessionen durch die Straßen, öffentliche Bekanntmachungen sowie ritualisierte, wiewohl meist private Formen des Ehevollzugs.

In modernen Gesellschaften wird die Ehe meistens während der sogenannten »Flitterwochen« vollzogen. Anstatt sogleich in die neue eheliche Wohnung einzuziehen, isoliert sich das Paar eine Zeitlang von seinen Verwandten und Freunden. Dadurch soll offenbar der Übergangsritus deutlicher markiert werden — in derselben Weise, wie bei Initiationsfeiern der junge Mann zunächst von seinem Stamm getrennt wird, so daß er mit neuer Identität und neuem Status zu ihm zurückkehren kann. Auch die Flitterwochen erlauben den Neuvermählten, als Menschen mit anderem Status und anderer Rolle zu den Ihren zurückzukehren. Ihre sexuelle Gemeinschaft wird nunmehr anerkannt, ja sogar erwartet.

Der Anthropologe Robin Fox vertritt die These, daß die Flitterwochen möglicher-

Hochzeitsgesellschaft in Liberia. Der Einfluß westlich-christlicher Traditionen ist unübersehbar.

weise noch eine andere Funktion haben. Er verweist auf die ambivalenten Beziehungen, die erfahrungsgemäß zwischen den Brautleuten und der beiderseitigen angeheirateten Verwandtschaft bestehen. Schwiegermutterwitze gibt es auf der ganzen Welt; sie symbolisieren die nach der Heirat einsetzenden Spannungen zwischen den »Braut-Empfängern« und »Braut-Gebern«. So gesehen, ermöglichen die Flitterwochen den Vollzug der Ehe fernab möglicher Anfeindungen von seiten der Schwiegereltern.

In Japan ist das Verhältnis zwischen Braut und Schwiegermutter besonders »festgeschrieben« und verdrußreich. Fast ein Drittel von ihnen müssen mit den Eltern des Mannes unter einem Dach leben, was hauptsächlich an der Wohnungsknappheit und den hohen Mieten in den Großstädten liegt. Die Schwiegertochter muß praktisch die ganze Hausarbeit erledigen und hat der Mutter ihres Gatten aufs Wort zu gehorchen. Häufig wird ihr verboten, berufstätig zu sein, so daß es für das junge Paar fast unmöglich ist, sich eine eigene Wohnung zu leisten.

Auch die traditionelle Form der japanischen Hochzeit zeugt von der untergeordneten Stellung der Frau in dieser Gesellschaft. Heutzutage finden die meisten Eheschließungen im Rahmen einer kurzen standesamtlichen Feier statt; früher war es üblich, daß die Braut ein weißes Kleid trug. In Japan ist Weiß die Farbe des Todes, die man bei Begräbnissen trägt; die Kleidung der Braut symbolisierte also den Tod ihres bisherigen Lebens. Beim Verlassen des Elternhauses durfte sie nichts weiter mitnehmen als einen Spiegel und ihre Puppen sowie ihre sorgfältig aufbewahrte Nabelschnur (die später mit ihr zusammen beigesetzt wurde, um ihre Zukunft im Jenseits zu sichern). Ihrer Identität beraubt, wurde sie praktisch zur Sklavin ihrer Schwiegermutter.

Was in westlichen Gesellschaften die Hochzeit mehr als alles andere symbolisiert, ist der Hochzeitskuchen. Eine neuere Studie in Glasgow hat ergeben, daß Brautpaare auf den Kuchen am wenigsten gern verzichten würden, selbst wenn es aus finanziellen Gründen zu kaum etwas anderem reichen sollte. Von ähnlicher Bedeutung ist der Hochzeitskuchen auch in anderen Kulturen, und sogar bei Hochzeitsfeiern in Kairo steht er im Mittelpunkt. Dennoch hat sich bisher kaum jemand Gedanken über die eigentliche und symbolische Bedeutung des Kuchens gemacht.

Die Form des modernen westlichen Hochzeitskuchens geht auf das viktorianische England zurück; sein Vorbild sind die kunstvoll übereinandergeschichteten Konditorstücke, die Königshaus und Adel bei anderen Gelegenheiten zu verzehren pflegten. Der klassische Aufbau des Kuchens aus vier immer schmaler werdenden Schichten symbolisierte die Werte unserer Kultur zur damaligen Zeit. Jeder Ring stand für eine bestimmte Schicht der Gesellschaft, angefangen beim Königshaus ganz oben bis zur breiten Masse des Volkes ganz unten. Bei der Hochzeitsfeier signalisiert ein solcher Kuchen Ordnung, geregelte Verhältnisse und Sicherheit — lauter Dinge, die mit dem Wesen der Ehe zusammenhängen. Die weiße Farbe des Kuchens symbolisiert, wie das Weiß des Brautkleides, Reinheit.

Was hat es aber mit dem rituellen Anschneiden des Kuchens auf sich? Nach der Ansicht mancher Autoren bedeutet es den Verlust der Jungfräulichkeit, der beiden Ehepartnern (zumindest theoretisch) bevorsteht. Daher halten Bräutigam und Braut das Messer gemeinsam und führen es durch die harte Zuckergußkruste in das weich nachgebende Marzipan und dann in die saftige Masse darunter. Eine treffende Metapher für den Geschlechtsakt ist das Kuchenanschneiden zwar nicht, aber es gibt doch genügend Analogien, um eine solche Deutung wenigstens einigermaßen plausibel erscheinen zu lassen. Das gemeinsame Hantieren mit dem Messer muß jedoch nichts mit den erotischen Aspekten des Ehelebens zu tun haben und kann ganz einfach nur die Gemeinsamkeit des Lebens und Wirkens symbolisieren, die nun beginnt.

Welche Bedeutung die Torte auch haben mag — sie ist, anders als bei den Trauringen, nicht genau definiert —, vornehmlich dient der Kuchen dem Zweck, den rituellen Charakter des Anlasses zu unterstreichen. In unseren modernen Gesellschaften brauchen wir Gelegenheiten dieser Art zu formellen Festlichkeiten, auch wenn sie nicht mehr in Mode sein mögen. Wie die Menschen in traditionellen Kulturen müssen wir es feiern, wenn unsere Freunde und Verwandten eine legitime sexuelle Verbindung eingehen.

Die Ehe scheint in unseren modernen Kulturen nicht an Bedeutung verloren zu haben, ebensowenig wie die Grundsätze der Partnerwahl sich im Laufe der Zeit wesentlich geändert zu haben scheinen. Dem universellen Bedürfnis nach geregeltem Sexualleben und nach Festigung der Familienbande wird in allen Gesellschaften, ob traditionell oder modern, prinzipiell auf die gleiche Art entsprochen. Daß auch wir bei der Eheschließung alte Stammespraktiken begehen, davon künden der Pomp einer kirchlichen Trauung ebenso wie die kurze Formalität in einem 08/15-Standesamt.

5 | SPORT UND SPEKTAKEL

DER SPORT FÜHRT in der modernen Gesellschaft die Traditionen unserer jagenden Ahnen fort. In den Stadien und Arenen in aller Welt sehen wir uns in symbolischer Form sowohl mit unseren Ursprüngen als auch mit Anklängen jener kulturellen Kräfte konfrontiert, die unser Sozialverhalten so weitgehend mitgeprägt haben. Zwar befinden sich in den meisten Ländern Organisation und Verwaltung des Sports heute fest in der Hand der modernen Technik sowie massiver kommerzieller Interessen, doch die wahren Funktionen des Sports zeigen sich nach wie vor im Wesen der Spiele selbst sowie in den Festivitäten und Spektakeln rund um das Spielgeschehen.

Die meisten Massensportarten beruhen auf Fähigkeiten und Fertigkeiten, die einst für Jagdgemeinschaften lebensnotwendig waren. Fast immer sind Schnelligkeit und Wendigkeit, verbunden mit Treffsicherheit und guter Koordination, wesentliche Bestandteile. Viele Sportarten verlangen darüber hinaus die Verteidigung eines Reviers, Zähigkeit und Kraft. All dies sind Fertigkeiten und Eigenschaften, die in einer modernen Kultur, die sich weitgehend auf geistige und technische Fähigkeiten stützt, kaum noch praktische Bedeutung haben. Trotzdem werden wir offenbar nicht müde, sie zu feiern. Wir konservieren sie in Stammesritualen, bei denen die Geschicktesten vergöttert werden und die Gruppe in der kollektiven Anfeuerung ihrer eigenen Favoriten zusammenwächst.

Sportereignisse können bei den Zuschauern außerordentlich starke Gefühle auslösen. Auf dem Gesicht dieses französischen Rugbyfans malt sich tiefste Verzweiflung.

Sport als Ritual

Sportliche Spektakel gehören in allen modernen Gesellschaften zu den größten gesellschaftlichen Ereignissen. Die Anthropologin Alyce Cheska hat darauf hingewiesen, daß diese modernen Rituale in vielerlei Hinsicht die gleichen Komponenten aufweisen wie in Stammeskulturen. Diese Komponenten sind: regelmäßige Wiederkehr, Regelförmigkeit, Emotionalität, Dramatik und Symbolik.

Das Bedürfnis nach sich regelmäßig wiederholenden Ritualen ist vor allem in traditionellen Agrargesellschaften ausgeprägt. Aussaat und Ernte sind zeitlich feststehende, immer wiederkehrende Ereignisse von erheblicher wirtschaftlicher Bedeutung und werden daher in eigenen Festen begangen. Einige dieser Rituale, die etwa dem Zyklus der Jahreszeiten gelten, haben sich auch bei uns erhalten. So gibt es überall noch alte »heidnische« Herbst- und Frühlingsbräuche, die freilich mit dem Vormarsch der »moderneren« Religionen oftmals andere Gestalt angenommen haben. Freilich spielen diese Feste in unseren Kulturen keine herausragende Rolle mehr. In einer technisch hochentwickelten Gesellschaft wird der Zeitablauf anders gemessen. Sportereignisse geben uns das Gefühl einer gewissen »kalendarischen Gliederung« des Jahres wieder.

In Großbritannien setzt diese kalendarische Gliederung Ende August mit dem Beginn der neuen Spielzeit im Fußball ein und erreicht ihren Höhepunkt im Mai mit dem Pokalfinale des Britischen Fußballverbandes. Aufgrund kommerzieller Interessen überschneidet sich nun allerdings die Fußball- mit der traditionellen Cricketsaison, so daß die klare kalendarische Trennung der einen Sportsaison von der anderen etwas beeinträchtigt wird. In den USA ist die Sportsaison enger mit der herkömmlichen Abfolge der Jahreszeiten verbunden. Die Pokale (»Bowls«) im Football werden um die Wintersonnenwende ausgetragen, die Endspiele im Baseball um die Zeit der Herbst-Tagundnachtgleiche, die Basketball-Meisterschaften umrahmen den Frühlingsanfang.

Für Regelförmigkeit sorgen in allen Sportarten die strengen und invarianten Regelsysteme. Kleine Modifikationen mögen durchgehen, wie etwa im Fußball neue Bestimmungen über das Abspielen des Balles oder das Auswechseln von Spielern; aber die Struktur des Spieles selbst bleibt praktisch immer gleich. Einschneidende Veränderungen werden gleichermaßen von Spielern wie Zuschauern abgelehnt, weil sie den rituell gesicherten Ablauf des Geschehens gefährden würden. Wie bei anderen Zeremonien — Hochzeiten, Beerdigungen, Taufen — muß die Kontinuität des Erlebens gewahrt bleiben, muß eine gewisse schematische Vorhersagbarkeit gegeben sein, wie sie zwar in Stammesgemeinschaften gang und gäbe ist, im Chaos moderner Gesellschaften jedoch häufig verloren geht.

Die Regelbücher sind im Sport so etwas Ähnliches wie die Heiligen Schriften in den Religionen. Sie enthalten nicht nur die »Gebote«, sondern auch Aussagen über Grundvoraussetzungen, heilige Dogmen und Werte. So bestimmt im Fußball das Regelbuch Maße und Beschaffenheit des »heiligen« Bezirks, also des Fußballplatzes, sowie das besondere Geschehen auf ihm, verbietet zum Beispiel das Berühren des Balles mit der Hand, gibt aber auch allgemeiner gehaltene Vorschriften zum Ethos des Rituals. Danach können zahlreiche Verstöße als »ungentlemanly behaviour« (unehrenhaftes Verhalten) gewertet werden, also als unfair und mit der Würde des Spiels unvereinbar.

Alyce Cheska meint dazu: »Ein Sportereignis dürfte wohl der bemerkenswerteste Ausdruck von *fair play* sein, den es heute gibt. Der Grund für dieses Beharren auf der Moral mag sein, daß der Sport eine idealisierte Wunschvorstellung der wirklichen Welt ist.« Interessant ist hieran die Vorstellung der Idealisierung. Wir sind uns also unbewußt im klaren darüber, woran es in unserer Kultur mangelt, und suchen einen Ausgleich zu schaffen; in den Ritualen der Sportereignisse mit ihrem Anklang an ferne Stammesvergangenheiten kehren wir zu diesem Ideal zurück. Die Mannschaft, zu der wir halten, stellt eine »ideale Gemeinschaft von Menschen« dar, für die wir uns engagieren und denen wir uns zugehörig fühlen können.

Emotionalität ist eine unübersehbare und immer gegenwärtige Begleiterscheinung aller Sportspektakel. Die Spannung bei einem Spiel ist erfüllt von Leidenschaften — so-

Ein Rugbyspiel zwischen einer britischen und einer neuseeländischen Mannschaft: Die rituelle Kanalisierung von Aggressionen ist ebenso zu erkennen wie der Zusammenhalt der Spieler untereinander.

Der friedliche Schein des Bowls (einer Art Boccia — hier eine Partie in Südengland) trügt: Das Spiel gemahnt an unsere Vorfahren, die Jäger.

wohl in der Ekstase des Sieges wie im heulenden Elend der Niederlage. In allen Sportarten (bis auf ganz wenige wie etwa Bergsteigen) gibt es einen Sieger — entweder Einzelpersonen oder Mannschaften. Für alle am Geschehen unmittelbar Beteiligten fallen besondere Belohnungen und Aufwendungen an, aber das gilt »im Prinzip« auch für die vielen Tausende oder — durch das Fernsehen — Millionen von Zuschauern, die das Wechselbad der Gefühle miterleben.

Sportereignisse gehören zu den wenigen Gelegenheiten, bei denen normale Menschen ein emotionales Risiko eingehen. Das Leben in unseren modernen Kulturen wird ja weithin von unpersönlichen Prozessen und Mechanismen bestimmt und reglementiert. Das bewußt gesuchte emotionale Risiko führt im Kontext der gemeinschaftlichen, rituellen Betätigung zu einer Festigung der zwischenmenschlichen Bande und einem Gefühl kollektiven Engagements.

American Football als Ritus

Eine ausführliche Untersuchung der besonderen Rituale und Riten des American Football hat die Anthropologin Shirley Fiske vorgelegt. Nach ihrer Auffassung bietet dieser Sport den ihn Ausübenden das Erlebnis eines maskulinen Übergangsritus mit auffallender Ähnlichkeit zu den in Kapitel 4 beschriebenen Riten. Diese sind eingebettet in einen feierlichen Jahreszyklus, und spezifische Rituale markieren den Übergang des Novizen von einem Stammesstatus zum nächsten.

Der Zyklus des American Football beginnt im September mit den sogenannten »Double Days«. An diesen Tagen müssen nämlich die Novizen zweimal täglich trainieren, werden von weiblichen Wesen ferngehalten und auf eine spezielle Diät gesetzt, in der bestimmte Speisen (z. B. Kartoffeln) tabu sind. Shirley Fiske schildert den Tagesab-

Mann gegen Mann: Zweikampf im American Football.

lauf der Footballspieler in etwa so, wie ein Anthropologe die festgelegten Rituale einer afrikanischen Stammesgesellschaft beschreiben würde. Zum Beispiel, daß die Novizen an einem »magischen« Ort (im Footballstadion) zusammenkommen und dabei besondere Stammeskostüme tragen. Aufgabe der Stammesältesten (Trainer) ist die rituelle Demütigung und psychologische Verunsicherung der jungen Männer. Diese erste Phase des Übergangsprozesses kommt dem symbolischen »Töten« bei traditionellen Initiationsfeiern gleich, d. h. der Novize geht für den übrigen Stamm »verloren«.

Die Saison selbst gestaltet sich als eine Abfolge von wöchentlichen Konfrontationen mit etwa gleichaltrigen Novizen rivalisierender Stämme (Mannschaften). Diese Konflikte sind durch bestimmte Regeln festgelegt und überschaubar. Die Novizen haben zwar ungehinderten Umgang mit anderen Mitgliedern ihrer Gesellschaft, unterliegen jedoch weiterhin bestimmten Tabus in bezug auf Speisen und weibliche Wesen unmittelbar vor einer rituellen Schlacht.

Körperstrafen erdulden die jungen Männer im Martyrium des Trainings, das in regelmäßigen, vorgeschriebenen Abständen stattfindet. Allerdings entbindet sie ihr Übergangsstatus von bestimmten Pflichten in den »frats« (fraternity houses, Verbindungshäusern), in denen sie wohnen. Auch ihre Leistungen auf dem Spielfeld sowie der anschließende zeremonielle Jubel der initiierten Kameraden entschädigen sie teilweise für die Schmerzen und Entbehrungen des Übergangsritus.

Gegen Ende der Saison werden die Vorbereitungen für die Schlußzeremonie getroffen. Die Gruppen sondern sich noch stärker ab, doch werden die Mitglieder der erfolgreichsten Mannschaften nun in besonders prestigeträchtigen Unterkünften einquartiert, bevor das glorreiche Ritual des Pokalendspiels beginnt.

Im Anschluß an die Schlußzeremonie folgt eine »Latenzzeit«, in der die Novizen vorübergehend aus der Isolierung und dem Trainingsmartyrium entlassen werden. Doch werden sie dabei von ihren Trainern genau überwacht, die an ihnen nach Anzeichen von Reife und männlichem Verantwortungsgefühl Ausschau halten. Die letzte Phase des Übergangsritus kommt mit dem sogenannten »Spring Ball«. Hier hat der Novize Gelegenheit, für die kommende Saison als *einzelner* um seinen Platz in der Mannschaft zu kämpfen. In dieser Phase ist er keiner Isolierung und keinen Tabus mehr unterworfen, doch entscheidet sich nun sein künftiger Status im Footballstamm. Diese letzte Phase erlaubt endlich auch die Reintegration des Novizen in die normale Gesellschaft, nachdem er bereit gewesen ist, Propagandarummel und Restriktionen der Stammesältesten auf sich zu nehmen, und seine Fähigkeit bewiesen hat, körperliche Strapazen mannhaft zu ertragen. So kehrt er im Endeffekt als neuer Mensch in die Gesellschaft zurück.

Stammesverhalten im Fußball

Der Stammescharakter des American Football wird auf dem Spielfeld ebenso deutlich wie hinter den Kulissen und in den Umkleidekabinen. Das Spiel selbst erfordert engste Kooperation, und die Bindungen der Spieler aneinander werden durch das Erlernen von speziellen Spielzügen vertieft, über die sie sich mit Hilfe eines für Außenstehende bedeutungslosen Codes miteinander verständigen. Die für das Spiel wesentlichen Fertigkeiten sind Körperkraft (beim Blockieren oder Attackieren gegnerischer Spieler), Treffsicherheit (beim Werfen und Kicken) und Schnelligkeit (beim Laufen und Fangen). Doch wie im Jagdverband sind individuelle Fertigkeiten und Eigenschaften von geringem Wert, solange sie nicht mit den Aktionen der anderen koordiniert werden. Im Sport wie bei der Jagd ist Teamarbeit lebensnotwendig, und sie basiert auf den starken Bindungen der Teilnehmer aneinander.

Eine ähnliche Widerspiegelung von Stammesprozessen findet man auch im europäischen Sport. Desmond Morris hat in seinem Buch *The Soccer Tribe* (*Das Spiel*) die britische Fußballwelt eingehend analysiert. Morris hält es für falsch, im Fußball den symbolischen Kampf zweier rivalisierender Heere zu sehen; in Wirklichkeit wollen die beiden

Gruppen einander nicht »vernichten«, sondern versuchen, aneinander vorbeizukommen und eine symbolische Tötung durch einen Schuß ins Tor vorzunehmen.

Morris sieht den Ursprung von Sportarten wie Fußball in den Aktivitäten unserer Urahnen, der »Überlebensjäger«, die sich mit Jagen und Töten am Leben erhielten. Als die Jagd nach Nahrung nicht mehr überlebenswichtig war, wurden aus den Männern »Sportjäger«, die den Nervenkitzel der Jagd um seiner selbst willen suchten. Die dritte Stufe der Entwicklung markierten die »Hetzjäger in der Arena«, die das Jagdtreiben des flachen Landes in die Zentren der großen Städte brachten. Sie wurden schließlich in neuerer Zeit abgelöst von den »Balljägern in der Arena«, die die Regeln und Rituale der Hetzjagd übernahmen, um sozial akzeptablere Spiele zu schaffen.

Überall auf der Welt sind noch Vorstufen des modernen Fußballs feststellbar. Die Überlebensjagd als Lebensform gibt es noch in einer Reihe traditioneller Gesellschaften, die Sportjagd existiert noch in Form ritueller Fuchs- und Rotwildjagden; und die Matadores in Spanien und Mexiko führen vor kundigem städtischem Publikum das Macho-Ritual des Stiertötens auf. Spiele wie Fußball stellen jedoch die letzte Ritualisierung der Stammesjagd dar; der Tod ist aus ihr ganz eliminiert, alle kooperativen Fertigkeiten, die einst das Überleben der Spezies Menschen sicherten, wurden hingegen beibehalten.

Das heutige Fußballspiel hat seine moderneren Vorformen in volkstümlichen Ballspielen im mittelalterlichen England und in Florenz. Zu den frühesten Erwähnungen dieses englischen Fußballs gehört eine Stelle in einer Handschrift aus dem Jahre 1175 mit dem Titel *Descriptio Nobilissimae Civitatis Londinae* (Beschreibung der hochvornehmen Stadt London), die von einem Mönch namens William FitzStephen stammt. Er berichtet von Stammeswettkämpfen zwischen Lehrlingen und Studenten, die allerdings

»Cheerleaders« bei einem amerikanischen Footballspiel. Bisweilen hat dieses Aufmunterungsritual eine deutlich erotische Note — wohl um die männlichen Teilnehmer zu noch höheren Leistungen anzuspornen.

Doppelseite 120—121
Im Sumo-Ringkampf, dem ritualisiertesten Kampfsport, den es gibt, zeigen die Kombattanten eine erstaunliche Anmut, auch wenn jeder von ihnen gut 140 Kilogramm wiegt.

nach kaum festgelegten Regeln ausgetragen wurden und mehr dazu dienten, alte Rechnungen zu begleichen und die Gruppensolidarität zu stärken:

> Die ganze Jugend der Stadt zieht zu einer ebenen Stelle vor der Stadt, um ihr berühmtes Ballspiel zu spielen. Die Studenten aller Fakultäten haben ihren eigenen Ball, und die jungen Leute aus Handel und Gewerbe haben ebenfalls ihren eigenen Ball. Die Älteren — Väter und Honoratioren — kommen zu Pferd, um dem Wettstreit der Jüngeren zuzusehen. Die Älteren beteiligen sich auf ihre Weise am Treiben der Jüngeren. Sie werden gleichsam mitgerissen vom Geschehen und von der Anteilnahme an den Freuden ungezügelter Jugend.

Im 14. und 15. Jahrhundert wurde Fußball in England immer beliebter, und da das Spiel noch den Charakter einer blutigen Stammesfehde hatte, erregte es in zunehmendem Maße den Zorn der Obrigkeit. Am Fußballritual war eine unbegrenzte Zahl von Spielern beteiligt, während das Vorhandensein eines Balles fast nebensächlich war. Am Faschingsdienstag und an anderen kirchlichen Feiertagen lieferten sich die Burschen aus rivalisierenden Dörfern erbitterte Schlachten, bei denen es um territoriale Vorherrschaft und um die Ehre ging. Der Sport wurde als gefährliches Feiertagstreiben gleichermaßen von der weltlichen wie von der geistlichen Macht verurteilt, doch erkannte man offenbar seine Funktion, Aggressionen in einem rituellen Rahmen abzubauen. In seiner *Anatomy of Abuses* faßt der Puritaner Phillip Stubbs die herrschende Einstellung zum Volks-Fußball zusammen:

> Ich versichere Ihnen, man kann es eher ein unkriegerisches Gefecht nennen denn ein Spiel oder eine Erholung — ein blutiges, mörderisches Treiben eher denn einen geselligen Sport oder Zeitvertreib. Denn liegt nicht jeder auf der Lauer, den Gegenspieler anzurempeln und auf die Nase zu hauen, selbst wenn auf hartem Stein gespielt wird? In Feld und Wald, auf Berg und Tal oder wo immer es sei, ihm geht es nur darum, den anderen zu Fall zu bringen. Und wer hiermit am besten dienen kann, gilt als der Größte, und wer außer ihm?

Stubbs lehnt das Spiel ab, wie man sieht, aber seine wahre Funktion hat er genau erkannt. Es erlaubt dem einzelnen, Ansehen und Prestige durch den Beweis von Kraft und Stärke zu erwerben. Der Fußballsport war zwar im wesentlichen eine Katzbalgerei zwischen zwei Gruppen rivalisierender Jugendlicher, aber er war auch ein »unkriegerisches Gefecht« nach traditionell anerkannten Regeln und Übereinkünften. Vor allem aber war er auch eng mit den Ritualen der kirchlichen Feste verknüpft; er verschmolz weltliche und geistliche Aspekte des Lebens zum Ausdruck von Stammesloyalität, aber auch zum Ausdruck glühender Feindschaft gegen rivalisierende Clans.

Sport mit Tieren

Im Gegensatz zu Mannschaftssportarten mag ein Schauspiel wie der Hahnenkampf als Kristallisationspunkt für Stammesbindungen eher ungeeignet erscheinen. Oberflächlich betrachtet, geht es ja dabei bloß um zwei Vögel, die einander zerfetzen, während die Zuschauer durch geschickte Placierung von Wetten auf ihren finanziellen Vorteil aus sind. Auf Bali aber hat der Hahnenkampf eine viel tiefergehende soziale und kulturelle Bedeutung, was in der leidenschaftlichen Besessenheit von diesem »Sport« zum Ausdruck kommt. Hier dient die »Tötung« dazu, komplexe Verbundenheitsmuster hervorzuheben, während die Hähne selbst von entscheidender Bedeutung für die Herausbildung eines maskulinen Status bei balinesischen Männern sind. Der Anthropologe Clifford Geertz hat die Meinung geäußert, daß die balinesische Kultur in etwa auf die gleiche Art im Hahnenkampf zum Ausdruck kommt wie die US-Kultur im Football. Und zwar insofern, als in diesem Fall die Hähne zwar den direkten physischen Kampf bestreiten, es in Wirklichkeit aber die Menschen sind, die miteinander ringen.

In der englischen Sprache bezeichnet das Wort »cock (Hahn)« häufig auch den Penis. Bei den Balinesen geht dieser Zusammenhang über das Linguistische hinaus. Der Hahn *(sabung)* ist das Symbol der Männlichkeit, und das Wort wird nicht nur als Syn-

Gegenüber
Australischer (»Australian Rules«) Football.

onym für das männliche Glied gebraucht, sondern hat auch Bedeutungen wie »harter Bursche«, »Held«, »Krieger« und »Ladykiller«. Die meisten Balinesen verbringen Tag für Tag viele Stunden damit, ihren Kampfvogel zu striegeln und zu streicheln, ihn zwischen den Schenkeln zu halten und gelegentlich auch zwecks Aufreizung einem anderen Hahn entgegenzuhalten. Manchmal spielt auch ein Mann mit dem Hahn eines anderen: Dabei läßt er sich aber den Vogel nicht aushändigen, sondern setzt sich hinter den Betreffenden und greift um ihn herum, um den zwischen dessen Beinen hockenden Vogel zu liebkosen.

Der Hahn hat auf Bali nicht einfach den Status eines Tieres. Die balinesische Kultur hat nämlich eine ausgesprochene Abneigung gegen Tiere und tierähnliches Verhalten. Selbst Kleinkindern wird verboten, auf allen vieren zu kriechen, weil das an die Fortbewegung der Tiere erinnert. So symbolisiert der Hahn nicht nur Männlichkeit und Ego seines Besitzers, sondern verkörpert auch die ambivalente Faszination des Tierischen und dessen, was Geertz unter den »Mächten der Finsternis« versteht. Der Hahnenkampf ist im Grunde ein blutiges Opfer zur Besänftigung der bösen Geister.

Was immer es nun mit der symbolischen Funktion des Hahns und des Hahnenkampfes auf sich haben mag, die sozialen Funktionen dieses Sports zeigen sich in der komplexen Struktur der Wetten, die den Kampf begleiten. Die Besitzer der beiden Hähne, die den Kampf bestreiten, schließen »Haupt«-Wetten ab, und zwar in der Regel um hohe Summen. Der Tierbesitzer kann sich dafür sogar von Verwandten oder von Leuten seines Dorfes Geld leihen, doch darf er niemals mehr verwetten, als er im Falle eines Verlustes auch zurückzahlen könnte.

Die Zuschauer des Hahnenkampfs schließen ebenfalls Wetten ab, wobei es einige subtile kulturelle Regeln zu beachten gilt. So darf man z. B. nie gegen einen Hahn wetten, der einem Angehörigen der eigenen Verwandtschaft gehört: Im Gegenteil, man ist für gewöhnlich verpflichtet, auf diesen Hahn zu setzen, auch wenn objektive Gesichtspunkte dafür sprechen, daß er vermutlich verlieren wird. Je enger die verwandtschaftlichen Bindungen, desto höher der erwartete Einsatz.

Gehört keiner der beiden Tierbesitzer zur Verwandtschaft des Wettenden, so wird auf den Hahn desjenigen gewettet, der der sozialen Gruppe des Wettenden am nächsten steht. Diese Regel wird dahingehend erweitert, daß auch der Tierbesitzer aus einem Dorf gegen den aus einem anderen Dorf zu unterstützen ist. Um derartige Bande durch das Spektakel des Hahnenkampfes systematisch zu festigen, kommt es nur in Ausnahmefällen vor, daß zwei »fremde« Hähne gegeneinander kämpfen. Dementsprechend gibt es auch selten Kämpfe zwischen Hähnen, deren Besitzer derselben Gruppe angehören.

Uralte Stammesfehden zwischen rivalisierenden Gruppen drücken sich häufig in offenen Feindseligkeiten bei den Kämpfen sowie in unvernünftig hohen Wetten aus. Das Wetten als Form ritualisierten Kampfes beinhaltet einen direkten symbolischen Angriff auf die im Hahn verkörperte Männlichkeit des Rivalen und damit auf seinen sozialen Status. Das gilt vor allem für die Hauptwetten der Tierbesitzer und ihrer finanziellen Hintermänner. Wenn eine Wette nicht unter Verbündeten zustande kommt, wird überhaupt nicht gewettet, da das Schuldenmachen bei Außenstehenden den für den Hahnenkampf zentralen Grundprinzipien des Wettens und der damit verbundenen Bekräftigung von Treueverhältnissen widerspricht.

In den seltenen Fällen, wo beide Tiere uninteressant sind, weil beide im Besitz von Angehörigen nicht-verbündeter Gruppen sind, werden Wetten zwar abgeschlossen, das Problem ist dabei nur, daß es keine klaren Richtlinien darüber gibt, welcher Hahn favorisiert werden soll. Es besteht auch die Gefahr, anders zu wetten als der eigene Verwandte. Um derartig bedingte Peinlichkeiten und soziale Zwistigkeiten zu vermeiden, verbieten die ungeschriebenen gesellschaftlichen Regeln, unter Verwandten über Wetten zu reden.

Der rituelle Rahmen des Hahnenkampfes verbindet das Ersatzduell zwischen rivalisierenden Männern mit der »Tötung« bei der Jagd. Ein scheinbar blutiger, grausamer und sinnloser Zuschauersport erweist sich als Angelpunkt für die Regulierung der

Beim Fest in Pamplona springt ein junger Mann von einem Turm in die fest verschränkten Arme seiner Kameraden: Ein treffliches Beispiel für das Vertrauen, das der männliche Stammesverbund erzeugt.

Stammesbindungen und -loyalitäten unter balinesischen Männern. Der Wettstreit zwischen Männern ist in Bali so stark durchritualisiert, daß die Möglichkeit einer Verletzung außerordentlich gering ist — allenfalls wird einmal ein Zuschauer, der sich vor lauter Begeisterung zu weit in die Kampfarena lehnt, von den rasiermesserscharfen Sporen gestreift, die an den Beinen der Hähne angebracht sind. Solche Verletzungen sind jedoch sehr selten und jedenfalls kein beabsichtigtes Element des Spektakels.

Dagegen sind die mit dem Stierkampf verbundenen Gefahren sehr viel größer. Auf Mensch und Tier kann der Tod warten; allerdings läßt man dem Stier die sehr viel schlechteren Chancen. Die Corrida lehnt sich insofern am engsten an das Vorbild der Jagd an, als hier eine Gruppe von Männern zu einer komplexen Zusammenarbeit gezwungen ist, um nicht nur die Tötung der »Beute« zu bewerkstelligen, sondern auch die Gefahr für das eigene Leben zu verringern.

Wie andere Sportarten, die das Überleben männlicher Bindungen demonstrieren, hat auch der Stierkampf für Beteiligte und Zuschauer eine tiefere Bedeutung. In Spanien und Lateinamerika dient der Stierkampf der Stärkung zentraler Stammeswerte und der Perpetuierung des herrschenden Machismo-Konzepts. Der Torero symbolisiert den Krieger und Jäger, der furchtlos jeder Herausforderung und Gefahr trotzt und geschickt seinen Mut beweist. Die Corrida ist nicht einfach Apotheose der Körperkraft — viele berühmte Matadore waren sogar eher schwächliche Bürschchen. Was die dem Spektakel beiwohnenden Massen fasziniert, ist die Kunst des Matadors, dem Stier mit List und Eleganz den rituellen tödlichen Degenstoß zu versetzen.

Der Kampf zwischen Torero und Stier symbolisiert aber auch noch etwas ganz anderes: den Konflikt zwischen jungen Männern und ihren Vätern. Nicht zufällig führen viele Stierkämpfer in ihrem »Künstlernamen« das Kosewort für »Kind« — *niño* — oder

Beim Fest in Pamplona können gewöhnliche junge Männer ihren Mut und ihre Geschicklichkeit an den Stieren erproben, die frei durch die Straßen laufen.

eine Verkleinerungsform wie »Chico«. Wie die Soziologen Louis Zurcher und Arnold Meadow dargelegt haben, ist in Mexiko der Stier mit seiner kraftstrotzenden Männlichkeit ein Symbol für die Vaterfigur, mit der der relativ viel schwächere Matador oder Sohn um seine Dominanz und Unabhängigkeit kämpft. Der junge Mann, der dem Stierkampf zuschaut, kann dabei seine Ängste in bezug auf die eigene Rolle als Mann und seine Furcht vor dem dominierenden Vater ausagieren. Er kann sich mit dem Mut des Matadors identifizieren, und er kann, vor allem wenn der Kampf übel für den Torero ausgeht, auf diesen den Vorwurf der Feigheit projizieren, den ihm selbst sein Vater macht.

Symbolisiert der Stier den Vater und der Matador den Sohn in der mexikanischen Gesellschaft, so kann man das Publikum als Mutterfigur ansehen. Der Matador, der Herr über den Stier wird, heischt nach dem Beifall der Zuschauer, so wie der Sohn die Billigung der Mutter sucht, wenn er mit dem Vater wetteifert. Die Dramatik des Stierkampfes beruht im Nachvollzug der häuslichen Kämpfe, die für die mexikanische Kultur kennzeichnend sind. Die Mutter schürt die Konflikte zwischen Vater und Sohn, um selbst um so besser das Heft in die Hand zu bekommen. Die Zuschauer bei der Corrida verlangen, daß Matador und Stier so lange weiterkämpfen, bis einer von beiden tot ist, und die Frauen haben Gelegenheit, ihren Aggressionen gegen die Männer, die im Alltag ihr Leben so weitgehend dominieren, freien Lauf zu lassen.

So gesehen, ermöglicht es der Stierkampf — wie jedes traditionelle Stammesritual —, entscheidende Merkmale der Kultur an die nächste Generation weiterzugeben, verständlich zu machen und zu verstärken. Das ist im Falle Mexikos besonders wichtig, wo starke moderne Einflüsse die kulturellen Werte und Lebensstile einer bisher eher feudalen Kastengesellschaft auszuhöhlen drohen.

Die Richtigkeit der Einsicht, daß das Wesentliche am Stierkampf die durch ihn vermittelten kulturellen Botschaften sind und nicht das Miterleben einer rituellen Tötung, wird durch die von manchen beklagte zunehmende »Entschärfung« und »Verweichlichung« dieses Schauspiels bestätigt. Ernest Hemingway hat moniert, daß mit zunehmendem »Verfall« der Corrida der Akzent nicht mehr auf dem reinen Akt des Tötens liege, sondern auf Feinheiten der Arbeit mit der *capa* (dem farbigen Tuch) und der Placierung der *banderillas* (der mit Widerhaken besetzten Stöcke, die den Stier reizen und zum Kampf treiben sollen). Die Pferde, die früher von den Stieren mit schöner Regelmäßigkeit aufgespießt wurden, tragen heute Schutzpolster, und an den Arenen sieht man viel häufiger als früher Schutzzäune und Gitter. Heute kommt es mehr darauf an, den Stier zu dominieren und seine Kräfte zu bändigen, als darauf, ihn zu töten.

In Spanien hat der Stierkampf eine ähnliche symbolische Bedeutung, wenngleich diese im einzelnen etwas anders aussehen mag. Wie der mexikanische hat auch der spanische Stierkampf die Funktion, wesentliche Züge der heimischen Kultur zu reflektieren und lebendig zu erhalten. Der Anthropologe Garry Marvin hat festgestellt, daß eines der zentralen Elemente der Mittelmeerkulturen der Begriff der Ehre ist, die aus eigener Kraft erworben und verteidigt wird. Ein Mann, dessen Ehre verletzt worden ist, muß auf der Stelle reagieren und darf sich dabei nur eigener Hilfsmittel bedienen. Er verzichtet also darauf, staatliche Stellen einzuschalten, denn damit würde er Zuflucht zu einem »fremden« System von Kräften und Werten nehmen, das für die Erhaltung seiner sozialen Identität untauglich wäre. Respekt verschafft man sich nur im Rahmen von Interaktionsmustern zwischen dem einzelnen und seinesgleichen.

Diese im Grunde stammesgemäße Lebensart, die selbst unter den formalen Strukturen des spanischen Staates weiterexistiert, drückt sich in der andalusischen und der katalanischen Corrida aus. Der Vorgang, der sich in der Arena abspielt, symbolisiert das ideale Verhalten eines Mannes, der gegen alle Provokationen und Schwierigkeiten um die Erhaltung seiner Ehre kämpft. Wie in Mexiko gilt es auch hier, Männlichkeit zu jeder Zeit unter Beweis zu stellen. Mag der spanische Stier auch nicht so deutlich als Vaterfigur wahrgenommen werden, so steht er doch für ein mächtiges männliches Wesen, das eigensinnig und schwer zu beherrschen ist. Marvin schreibt: »Gelingt es dem Matador, die Herausforderung erfolgreich zu bestehen, so gewinnt er Status und Prestige und rechtfertigt seinen

Anspruch, ein echter Mann zu sein. Ein Versagen bringt Schimpf und Schande, Spott und einen lädierten Ruf.«

Eine interessante Besonderheit des spanischen wie des lateinamerikanischen Stierkampfs ist der unathletische Charakter seiner Protagonisten, der Toreros. Man treibt keinen Kult mit körperlicher Fitneß und Leistungsfähigkeit, und über einen Torero, der trainiert, runzelt man die Stirn. Eine »übertriebene« körperliche Agilität könnte das Spektakel verderben. Machismo drückt sich nicht in der Fähigkeit aus, andere anzugreifen. Der Matador ist jemand, der auf die Attacken und die nackte Aggression des Stieres *reagiert*. So ist er Sinnbild für den normalen Mann, der dem Druck seiner männlichen Rivalen standzuhalten und seine kostbare Würde und männliche Ehre zu wahren weiß.

Der Palio

Daß Sportspektakel die Funktion haben, Stammesloyalitäten zu binden und einzugrenzen, zeigt besonders drastisch der Palio, das grandiose, zweimal im Jahr stattfindende Pferderennen in Siena. Der Palio ist der Lebensinhalt aller Sieneser, deren Geschichte geprägt ist vom typischen Sippenverhalten der mittelalterlichen Stadtstaaten, die heute in der italienischen Kultur aufgegangen sind. Jahrhundertelang lagen Siena und Florenz ständig im Krieg miteinander, und der Schauplatz ihrer Schlachten waren häufig kleinere Städte wie San Gimignano, Montalcino oder Montepulciano.

Stabilität gab es in Siena erst nach der endgültigen Niederlage gegen Florenz, was die Sieneser jedoch nicht daran hindert, noch heute ihre einstigen Siege in diesem langen Kräftemessen zu feiern. Im 13. Jahrhundert legte man die Geschicke der Stadt in die Hände eines Neun-Männer-Kollegiums, das für den nun einsetzenden wirtschaftlichen und kulturellen Aufschwung verantwortlich war. Damals baute man einen zentralen Platz, den *campo,* der heute den Schauplatz des Palio bildet. Der *campo* hat die Form einer Muschel, von deren Mitte neun Speichen ausstrahlen, die die »Neun guten Männer« bedeuten. Rings um den *campo* stehen die wichtigsten Gebäude der Stadt, darunter der Dom, und nur sehr schmale Durchgänge führen zu den kleinen Straßen dahinter.

Die ganze Stadt ist in 17 *contrade* (Bezirke) unterteilt, in denen jeweils eine stammesbewußte Gruppe von Menschen erbittert ihre Eigenständigkeit gegen alle anderen *contrade* verteidigt. Zehn dieser *contrade* entsenden in das Rennen Pferde und Jockeys, die den *campo* in etwa anderthalb Minuten dreimal umrunden. Der Preis ist ein seidenes Banner, eben der *palio.*

Mit diesen dürren Worten beschrieben, ist der Reiz des kurzen Spektakels kaum zu begreifen, und doch ist der Palio die Quintessenz Sienas und seiner Kultur. Die Vorbereitungen auf das Rennen dauern das ganze Jahr; der Palio selbst ist nur der mit Spannung erwartete Höhepunkt. Die Angehörigen der einzelnen *contrade* wachen eifersüchtig über ihre Pferde, da Sabotageakte nichts Ungewöhnliches sind. In den Tagen vor dem Rennen werden umfassende Vorsichtsmaßnahmen getroffen, um die Verabreichung von Drogen an die Pferde zu verhindern, und Angehörige einer rivalisierenden *contrada,* die sich in der Nähe des Stalls sehen lassen, müssen damit rechnen, böse verprügelt zu werden.

Der Palio wird im Rahmen eines dreitägigen Festes begangen, bei dem auf den schmalen Straßen Tische aufgestellt werden, an denen sich alle Familien einer *contrada* zum Zeichen ihrer Verbundenheit und Hochstimmung zusammensetzen. Manche Tischreihen sind bis zu 400 Meter lang; Rang und Stand spielen keine Rolle. Die örtlichen Honoratioren sitzen eingekeilt zwischen kleinen Ladenbesitzern und Händlern. Nur die Jockeys als symbolische Vorkämpfer der *contrada* haben Ehrenplätze, wo sie in Gesellschaft der schönsten Frauen bewirtet werden.

Vor dem Rennen zieht jede *contrada* in einem feierlichen Umzug durch die Innenstadt Sienas; die eigenen Stammesbindungen werden rituell betont, die anderen Gruppen mit offenen Feindseligkeiten bedacht. Häufig kommt es zu Schlägereien zwischen

Beim Palio in Siena: die traditionelle Fahne einer *contrada* wird herumgetragen.

den rivalisierenden Bezirken. Die Pferde werden in eine Kirche geführt und vor dem Altar von einem Priester gesegnet. Für Außenstehende mag ein Pferd im geweihten Bezirk eines Gotteshauses ein grotesker, ja blasphemischer Anblick sein, aber für die Sieneser gehört das Segnen der Pferde zu den normalen Ritualen des Palio. Erleichtert sich ein Pferd auf dem Marmorfußboden, gilt dies als gutes Omen. Unterdessen läutet während dieser letzten Vorbereitungen unablässig die Glocke im Turm des Palazzo Pubblico — gleichsam als Symbol für den erregten Herzschlag der Stadt.

Endlich nehmen Pferde und Reiter Aufstellung und jagen über die wohl gefährlichste Rennbahn der Welt. Die Pferde gleiten leicht auf dem glatten Kopfsteinpflaster aus, und es ist schon vorgekommen, daß Jockeys gegen die Schutzmatten geschleudert und dabei getötet wurden. Mitunter haben auch alle Vorsichtsmaßregeln nichts genützt, und die »gedopten« Pferde fallen den anderen vor die Füße und verursachen spektakuläre Massenstürze. An den scharfen Kehren brechen sich auch die wendigsten Pferde hin und wieder ein Bein (und werden sofort erschossen).

In dieser Atmosphäre fieberhafter Erregung — von vielen Außenstehenden als barbarische Tierquälerei verurteilt — werden die Bande innerhalb der Gruppen durch das gemeinsame, starke emotionale Erlebnis gefestigt. Die siegreiche *contrada* feiert ihren Sieg mit dem rituellen Schlachtruf *»Daccelo!«* (»Gebt ihn uns« — nämlich den *palio*), und alle versuchen, das magische silberne Tuch zu berühren, den Preis, der ihnen nun zum kollektiven Ruhm gereicht. Die Verlierer stehlen sich davon, setzen böse Gerüchte in die Welt und versuchen einander, so gut es geht, zu trösten. Selbst in der Niederlage eint die Angehörigen einer *contrada* die kollektive Enttäuschung.

Trobriand-Cricket

In vieler Hinsicht sind die großen Sportspektakel in modernen Gesellschaften ein Nachklang unseres früheren kulturellen Erbes. Doch während wir offenbar unsere Spiele aus Verhaltensmustern entwickelt haben, die an traditionellen Gesellschaften noch heute zu beobachten sind, gibt es auch einige wenige Stammesgesellschaften, die umgekehrt westliche Sportarten in ihre eigenen rituellen Feiern und Spektakel integriert haben. Ein klassisches Beispiel dafür ist das Cricket der Trobriander.

Die Trobriand-Insulaner Neu-Guineas wurden zuerst von einem der Gründungsväter der modernen Anthropologie, Bronislaw Malinowski, erforscht. Seine große Sorge war damals, daß der Einfluß des Westens die traditionellen Verhaltensstile und Gebräuche der Trobriander eines Tages auszehren könnte. Die Trobriander selbst haben jedoch eine erstaunliche Resistenz gegen die Kräfte der Akkulturation bewiesen. Sie haben sich zwar den westlichen Einflüssen nicht verschlossen, haben es im großen und ganzen jedoch verstanden, sie so zu adaptieren, daß sie sich recht harmonisch in die traditionelle Lebensweise der Trobriander einfügen.

Das Cricketspiel hat ursprünglich ein Kolonialbeamter auf den Inseln eingeführt — mit Sicherheit befangen in der typisch englischen Vorstellung, dieses Spiel sei »charakterbildend«. Was jedoch die Trobriander daraus gemacht haben, hat nichts mehr mit diesem ursprünglich gemächlichen Spiel und seinen komplizierten Regeln und Fachausdrücken zu tun. Statt dessen ist daraus ein lärmendes, turbulentes Fest zur Feier einer guten Yams-Ernte geworden, bei dem sich auch Rivalitäten zwischen benachbarten Dörfern zeigen.

Die Anzahl der Mitspieler auf beiden Seiten ist unbegrenzt, doch ist man bestrebt, die Mannschaften ungefähr gleich stark zu machen. Der Wettkampf wird eingeleitet mit traditionellen Kriegstänzen, doch hat man in sie auch moderne, westliche Elemente geschickt verwoben. So mimt eine Mannschaft beispielsweise die Landung eines Flugzeuges auf dem Spielfeld: Heraus kommen Soldaten mit Handgranaten und — als humoristische »Einlage« — ein Tourist. Während des Spiels wird ein Schlagmann, der draußen ist, für »tot« erklärt, und die gegnerische Mannschaft singt »PK« — eine Anspielung auf den gleichnamigen, klebrigen Kaugummi. Der jeweilige Spielstand wird zwar mit Hilfe von Blättern notiert, doch endet der Kampf nach typischer Trobriandermanier immer mit dem Sieg des Heim-Teams.

Die Trobriander sind ein lebendiges Beispiel dafür, wie sich in einer Stammesgesellschaft ein Wandel vollziehen kann und die wesentlichen Elemente des Stammeslebens gleichzeitig erhalten bleiben. Westliche Güter werden so benutzt, wie es am ehesten traditionellen Gepflogenheiten entspricht. Während die Weißen — bekannt als *dimdims* — zunehmend wirtschaftlichen Einfluß ausüben, verharrt das Dorfleben weitgehend noch in der Steinzeit. Auf den Feldern fahren Traktoren umher, aber ein Schwein tötet man noch immer mit einem im Feuer gehärteten Stecken, der dem Tier ins Herz getrieben wird. Wichtiger ist, daß jeder seinen Platz, seine Aufgabe und eine aktive Funktion in der Gesellschaft der Trobriander hat. An ihrer Cricket-Version kann man beispielhaft sehen, wie eine Gesellschaft sich »beide Welten« optimal zunutze machen kann.

6 | AGGRESSION UND KRIEG

EINE ZWANGSLÄUFIGE FOLGE der Stammesbindung ist die Feindschaft gegen andere Stämme. Ein Stamm bezieht seine charakteristische Besonderheit aus dem Gegensatz zu anderen Stämmen, und einen »Feind« zu haben ist die einfachste Art, die sozialen Bindungen innerhalb einer Gemeinschaft zu festigen. Im Zuge der Entwicklung des Menschen aus seinen Wildbeuteranfängen sind gleichzeitig Kooperation und Aggression erwachsen und sind eine Verbindung eingegangen — ein Prozeß, der nicht nur unser Überleben gesichert hat, sondern auch das Entstehen von Gruppenkulturen mit gesellschaftlichem Eigencharakter bewirkt hat.

Die gegenseitige Kooperation sowie die damit einhergehenden Prozesse der sozialen Bindung erwuchsen aus der Notwendigkeit einer möglichst effizienten Jagd. In diesem Sinne war die Kooperation mit anderen zunächst nur ein rein zweckbedingtes *adaptives* Merkmal menschlichen Verhaltens. Aber eine solche Entwicklung hatte auch bedeutsame *soziale* Auswirkungen. Das aufkeimende Gefühl von Solidarität und Loyalität innerhalb der Gruppe führte zu Spannungen mit benachbarten Gruppen, und zwar im wesentlichen aus zwei Gründen: 1. Wenn die Nahrung knapp wurde, ergab sich die Notwendigkeit, das eigene Jagdrevier vor dem Zugriff »anderer« zu schützen; so entstand das »Revierverhalten«. 2. Zur Aufrechterhaltung der Solidarität innerhalb des eigenen Stammes war es notwendig, etwaige interne Spannungen und Frustrationen auf Fremdgruppen umzudirigieren, um die Gefahr von Konflikten innerhalb der eigenen Gruppe zu verringern. Rivalitäten mit anderen Stämmen aus realen oder imaginären Gründen erzeugten jenes Kollektivgefühl, das im Zweiten Weltkrieg von den Briten als »Geist von Dünkirchen« bezeichnet wurde. Indem man andere — in dem Fall Nazis — als Feindbilder aufbaute, verringerte man die Gefahr sozialer Unruhen in den eigenen Reihen und der Aufsässigkeit gegen die eigene Autorität.

Die Methode, Fremde als unbelehrbare böse Mächte abzustempeln, ist noch heutzutage an den modernen »Superstämmen« gut zu beobachten. Das ewige Schreckgespenst der US-Amerikaner ist der Kommunismus. Iraner und Iraker verteufeln sich gegenseitig, zweckbedingt durch ihren Kampf um die Ölvorkommen am Persischen Golf. Feindseligkeit kann sich auch auf scheinbar unaggressive Art und Weise äußern: die Engländer machen Witze über die Iren, die Franzosen spotten über die Belgier, und die Polen in New York haben noch heute unter abschätzigen Frotzeleien zu leiden. (Interessanterweise drehen die Opfer solchen »Humors« den Spieß gerne um: Die besten jüdischen Witze stammen von Juden usw.)

Vielfach hängen moderne Konflikte auch mit wirtschaftlichen Interessen zusammen: mit dem Verlangen nach billigem Öl, besseren Fischereigründen oder primären Industrierohstoffen. Aber für die immer wieder aufflammenden innerstaatlichen Konflikte zwischen einzelnen Gruppen gibt es auch ausgeprägte soziale und kulturelle Motive. Während Konflikte auf internationaler Ebene das Überleben der ganzen Menschheit gefährden, dienen die »Stammeskriege« in unseren modernen Gesellschaften einem ganz anderen Zweck, unter gänzlich anderen Vorzeichen.

Traditioneller Krieg

Gegenüber
Bei den Massai in Kenia sind spielerische Kämpfe üblich, bei denen sich die »Krieger« nicht mit Speeren, sondern mit Palmwedeln bewerfen.

In dem Maße, wie es zwischen den Stämmen üblich wurde, aus praktischen oder gesellschaftlich bedingten Gründen Kriege zu führen, erhob sich gebieterisch die Notwendigkeit, diese potentiell destruktive Aggression zu steuern. Wenn die Scharmützel zwischen rivalisierenden Stämmen zu einer besorgniserregenden Zahl von Opfern führ-

Doppelseite 132—133
Dani-Kinder üben spielerisch ihr Jagdgeschick, indem sie ihre Spielzeugspeere durch einen rollenden und hüpfenden Weinrebenreifen werfen.

ten, wurde die mit dem Stammeskrieg verbundene Gefahr der gegenseitigen Auslöschung größer als der potentielle Nutzen. Wenn die Stämme Feinde brauchten, um sich vorteilhaft von ihnen abzuheben, war ihnen nicht damit gedient, wenn sie die Rivalen völlig vernichteten. Aus diesem und anderen elementaren adaptiven Gründen wurde aus dem Stammeskrieg ein weitgehend symbolischer Akt, bei dem es weniger darum ging, Menschen zu töten, als darum, sie zu dominieren und unter Kontrolle zu bringen. So wie Konflikte innerhalb der Gruppe durch rituelle Veranstaltungen, Gesänge und Tänze beigelegt werden konnten, so wurden nun auch Kriege mit anderen Stämmen nach festgelegten Regeln, Zeremonien und beiderseits akzeptierten Verhaltensmustern ausgetragen.

Eine Untersuchung im Jahr 1963 an den Dani im Tiefland Neu-Guineas mag uns hier als klassisches Beispiel für Struktur und Funktion des Stammeskrieges dienen. Zwar werden Stämme wie die Dani heutzutage rasch von den Kräften der Akkulturation aufgerieben oder aufgesogen, aber ihre traditionellen Kampfmethoden und ihre Art der Konfliktbewältigung liefern Hinweise auf die Gründe menschlicher Aggression und ermöglichen Einblicke in Konfliktmuster, wie sie heute an oft unerwarteter Stelle in modernen Gesellschaften auftreten.

Die traditionelle Kultur der Dani ist bestimmt von der Geschichte ihrer Kämpfe mit anderen, rivalisierenden Stämmen im Tiefland. Ihre kriegerische Vergangenheit besteht jedoch nicht aus der Annexion von Gebieten oder dem Töten von Feinden: Ihre Kämpfe dienten offenbar nie praktischen oder ökonomischen Zwecken. Vielmehr zogen die Dani in den Krieg, weil die Geister ihrer Ahnen es ihnen befahlen. Das ganze Leben und Treiben in den Dörfern Neu-Guineas drehte sich um den Einfluß der Geister. Wenn irgendein Unglück geschah, die Ernte mißriet oder jemand einen Unfall hatte, so bedeutete das, daß die Geister zürnten. Der Krieg diente dann der Besänftigung der Geister und der Verhütung künftiger Mißhelligkeiten.

Derartige Rationalisierungen des Kampfes mögen für uns nichts weiter als abergläubischer Unsinn sein. Tatsächlich gehört aber in traditionellen Kulturen der Einfluß der Geister zum Volksgut, das für die Stammesangehörigen durchaus sinnhaft ist. Rache für die gekränkten Götter ist ein ebenso guter Kriegsgrund wie jeder andere auch, solange die Schlacht auf eine Weise geschlagen wird, die den sozialen Erfordernissen gerecht wird und nicht übertrieben viele Verletzte und Tote fordert. Die Art der Kriegführung bei den Dani garantiert, daß dies der Fall ist.

Bei einem typischen Scharmützel im Tiefland Neu-Guineas wird die Herausforderung zum Kampf von einem kleinen Kriegertrupp überbracht, der frühmorgens in das Niemandsland zwischen den Stämmen zieht. Der Fehdehandschuh wird unfehlbar aufgenommen, und die Vorbereitungen zur Schlacht beginnen. Man erörtert den Zeitpunkt der Schlacht, wobei so wesentliche Dinge wie die Wetteraussichten zu berücksichtigen sind. In der Tat spielt das Wetter bei den Kriegen der Dani eine ausschlaggebende Rolle. Vor allem Regen ist ein hinreichender Grund, den Kampf abzublasen. Das liegt daran, daß die Dani sich auf den Krieg mit kunstvoller Gesichtsbemalung und Körperschmuck aus Vogelfedern vorbereiten; dieser Zierat erleidet bei einem plötzlichen Regenguß beträchtlichen Schaden, und da für das ganze Kriegsritual das Tragen des Stammesschmuckes unverzichtbar ist, können Schlachten nur bei schönem Wetter geschlagen werden.

Der Kampf selber, wenn er denn stattfindet, ähnelt einem kunstvollen, rituellen Tanz, ist eher eine aggressive Zurschaustellung als ein wirklich blutiger Waffengang. Selten sind die rivalisierenden Gruppen länger als zehn Minuten in Kontakt miteinander. Mit Speer oder Pfeil und Bogen bewaffnet, flitzen die Krieger hin und her, doch die Gefahr für Leib und Seele ist sehr begrenzt. Der Tod auch nur eines Stammesangehörigen gilt als großes Unglück und kann zu einem raschen Ende der Schlacht führen; schon eine ernsthafte Verletzung ist etwas Unerhörtes. Die Anthropologen haben ermittelt, daß Krieg und Kampf eines ganzen Jahres für gewöhnlich 10 bis 20 Kriegern das Leben kosten, und das in einer Kultur, in der Schlachten etwas Alltägliches und Normales sind.

Kriegsführung in höchst ritualisierter Form:
Die »Sealed Knot« stellen Szenen
aus dem englischen Bürgerkrieg nach.

Oben und gegenüber
Gesang und Tanz junger Krieger und
ihrer weiblichen Gefolgsleute bei einem
Fest im östlichen Hochland Neu-
Guineas.

Ein derartiger Stammeskrieg ist mit seinem modernen Pendant nicht zu vergleichen. Die Dani haben einen Stil der Gewalt entwickelt, der explizit darauf abzielt, das Blutvergießen einzuschränken. Das beweisen die Waffen, die sie beim Kampf benutzen. Die Kultur der Dani ist geprägt von der Kenntnis der Vögel und des Vogelflugs. Jeder Angehörige des Dani-Stammes weiß die verschiedenen Vogelfedern und deren Eigenschaften zu unterscheiden, aber die Beschaffenheit der Pfeile, die sie in der Schlacht benutzen, verrät nichts von dieser Kenntnis. Die Pfeile sind nicht befiedert, und so ist es schwierig, mit ihnen über mehr als zehn Meter genau zu treffen. Daß die Dani ihre Pfeile nicht flugtauglicher machen, kann nicht an mangelndem Wissen liegen; die Pfeile sind also vermutlich bewußt so gestaltet, daß sie nicht geradeaus fliegen können. Das »richtige« Befiedern der Pfeile würde das Töten von Menschen leicht machen, aber das ist in den Kriegen der Dani nicht der Zweck der Übung. Und so ist die Demonstration von Männlichkeit und Stammessolidarität für die Krieger der Dani ungefährlicher als etwa eine Erkältung; denn daran können sie eher sterben.

Rituelle Gewalt heute

Zu diesem Verfahren der Dani, Gewaltanwendung durch einen Rahmen sozialer Regeln und Rituale einzuschränken, gibt es viele Parallelen im Tierreich. Viele Raubtierarten verfügen über sehr wirksame Mittel, ihre Beute zu töten; das reicht von scharfen Zähnen und Klauen bis zu Geweihen, Hörnern und Schnäbeln. Wenn jedoch Männchen einer Art untereinander um die Vorherrschaft im Revier, um Nahrungsquellen oder begattungswillige Weibchen kämpfen, setzen sie nur selten diese potentiell tödlichen Waffen ein. Statt dessen stellen sie ein ritualisiertes Kampfverhalten zur Schau, bei dem der Rivale auch ohne Zufügung schwerer Verletzungen »geschlagen« werden kann. Stammeskulturen haben ein soziales Äquivalent dazu entwickelt, und aggressive Verhaltensmuster eben dieser Art treten nun auch in den männlichen Jugendkulturen der modernen Welt zutage.

In Großbritannien sind nach dem Zweiten Weltkrieg mehrere Jugendkulturen verschiedenster Art entstanden, und die meisten davon waren berüchtigt für ihr aggressives Auftreten. Die Teddy Boys der fünfziger, die Mods und Rocker der sechziger und die Skinheads der siebziger Jahre machten durch anarchistische Gewalt und Zerstörung von sich reden. Seit Mitte der sechziger Jahre schossen sich die Medien vor allem auf die Fußballfans ein, die in den Ruf mutwilliger Vandalen und Schläger gerieten. Auf

Bei einem Konzert der Rockgruppe »Angelic Upstarts« in London: Durch den Stil der Musik und die Botschaft der Songs bei Rockkonzerten wird Aggression erzeugt, aber zugleich auch kanalisiert.

Zwar sind besonders britische Fußballfans als Raufbolde und Schläger berüchtigt, aber ihre Kollegen in anderen Ländern sind auch nicht gerade Engel. Hier stellt ein französischer Fan sein Gewaltpotential zur Schau.

die Massenmedien ist in solchen Dingen jedoch selten Verlaß, und genauere Untersuchungen haben denn auch ein ganz anderes Bild von der Aggression in Jugendkulturen ergeben.

Fangruppen, die mit geradezu zwanghafter Loyalität an »ihrer« Mannschaft hängen, für sie durchs Feuer gehen würden, zeigen nicht nur eine klare Sozialstruktur, sondern bewegen sich auch in einem festen Rahmen von Regeln, Konventionen und Ritualen — den bekannten Elementen der Identifizierung mit dem Stamm. Das Bemerkenswerteste an ihrer Gewalttätigkeit ist, daß sie strukturell große Ähnlichkeit mit der in traditionellen Kulturen hat. Außenstehende werden durch gefährlich wirkendes Gebaren, Beschimpfungen und gewaltsame Drohungen eingeschüchtert, dabei ist die Zahl ernsthafter Verletzungen in Wirklichkeit bemerkenswert klein.

In Großbritannien durchgeführte Untersuchungen haben immer wieder gezeigt, daß es zwar wirklich innerhalb und außerhalb der Stadien viel Gewalttätigkeit von seiten der Fußballfans gibt, daß Vorfälle dergleichen aber nicht signifikant häufiger oder gravierender sind als bei vergleichbaren Populationen in anderen sozialen Kontexten zu erwarten wäre. So wurde in einer Studie in Schottland der Umfang der gemeldeten Straftaten, Störungen und Sachschäden in Gegenden untersucht, in denen ein Fußballstadion lag. Man verglich die Samstage, an denen ein Fußballspiel stattfand, mit solchen, an denen nicht gespielt wurde. Das Ergebnis war, daß Fußballspiele keine signifikante Auswirkung auf den Umfang von Kriminalität und Gewalttätigkeit hatten. In einigen Fällen gab es sogar Anhaltspunkte dafür, daß die Fußballspiele zu einem Rückgang an Kriminalität und Gewalttätigkeit führten. Hierbei sei noch hervorgehoben, daß diese Untersuchungen nicht von linken Soziologen durchgeführt wurden, sondern von der Polizei.

Natürlich gibt es Ausnahmen von der Regel. Die Tragödie von 1985, als im Brüsseler Heysel-Stadion 36 Personen, vorwiegend Fans des italienischen Clubs »Juventus«, bei

Auseinandersetzungen mit Liverpooler Fans getötet wurden, erinnert noch heute daran, wie schrecklich die Dinge entgleisen können. Doch selbst hier ging die hohe Zahl der Todesopfer auf Panikreaktionen und eine einstürzende Mauer zurück, nicht auf bewußte Mordlüsternheit von seiten der gewalttätigen Fans. Niemand kann vernünftigerweise die Gewalttätigkeiten rechtfertigen, die zu diesen tragischen Todesfällen führten, aber wir dürfen uns auch nicht zu der Annahme verleiten lassen, daß Mord eine normale Begleiterscheinung von Fußballspielen in England oder sonstwo in Europa geworden sei.

Ausgelöst wird die Aggression der Fangruppen im Stadion durch die Gegenwart von Anhängern der gegnerischen Mannschaft. Heute werden die Fangruppen im Stadion auseinandergesetzt, so daß Reibereien zwischen ihnen so gut wie unmöglich sind. Die kollektive Aggression dient der Stärkung der Stammessolidarität; sie festigt die sozialen Bande und das Engagement der Gruppenmitglieder. Doch wird die Aggression weitgehend in symbolische Ersatzhandlungen umgelenkt. So wie die Dani weitgehend unblutige Kriege führen, können sich die Fans jede Woche mit ihren Rivalen auseinandersetzen, ohne daß eine ernsthafte Verletzungsgefahr besteht — auch wenn ihrem Treiben ein blutiges Image anhaftet.

Ein wesentlicher Bestandteil des aggressiven Rituals des Fußballstammes sind die stilisierten Rufe und Gesänge, die der Beschimpfung der Rivalen dienen. Das Interessante an ihnen ist, daß sie zwar durchaus beleidigend sind, dem Widersacher aber nicht die Menschlichkeit absprechen. Mit dem Gesang gehen stilisierte Gebärden, Gesten und Grimassen einher, die ebenfalls den Ausdruck von Feindseligkeit kanalisieren. Stil und Form dieser Bekundungen mögen belanglos erscheinen, doch erlauben sie wichtige Rückschlüsse auf die Art der eventuell zu erwartenden Aggression und Gewalt.

Wie negativ wir auch allen Äußerungen kämpferischer Natur gegenüberstehen mögen, die Gewalt, die in diesen Subkulturen vorfällt, ist im wesentlichen *sozialer* Art und

Bei manchen Sportereignissen kommt es zu Entladungen von Klassenhaß. In England müssen sich am Derby Day die »snobs« (feinen Pinkel) einen Weg durch die »lads« (Proleten) bahnen.

läuft folglich, wie alle gesellschaftlichen Ereignisse, nach stillschweigend vereinbarten Regeln ab.

Kampf bis aufs Blut

Natürlich ist diese Form von ritueller Gewalt kein Allheilmittel. Es besteht immer die Gefahr, daß es zu ernsthaften Verletzungen oder Todesfällen kommt. Aufgrund ihres rituellen Charakters ermöglicht diese Art von Gewalt zwar eine Entschärfung der Situation, doch auch in traditionellen Gesellschaften können Stammesaggressionen schwerwiegende Folgen haben.

Bei den Yanomamo in den Regenwäldern Venezuelas etwa fällt einer von vier Angehörigen der männlichen Bevölkerung im Kampf. Die Yanomamo sind als »wildes Volk« verschrien und stehen in dem wenig beneidenswerten Ruf, die gewalttätigsten Menschen der Erde zu sein. Obwohl viele Männer dieses Volkes in der Schlacht oder beim Duell sterben, sind Frauen Mangelware im Stamm der Yanomamo und daher Gegenstand tödlicher Fehden; auch Raub und Vergewaltigung sind an der Tagesordnung. Ehefrauen werden als verkäufliches Gut behandelt und haben in der Regel Unterdrükkung und eifersüchtige Bewachung zu erdulden. Die Ursache für das zahlenmäßige Mißverhältnis der Geschlechter ist in der unschönen Praxis des selektiven Säuglingsmordes zu sehen: Während männliche Kleinkinder alle Wertschätzung genießen, gelten Töchter im Sinne der Fortpflanzung als Fehlschlag und werden nach der Geburt oft umgebracht. Dies wiederum führt zu einer Knappheit an potentiellen Ehefrauen — was wiederum diese starken Aggressionen bei den um diese Frauen konkurrierenden Männern erzeugt.

Dieser Tick der Yanomamokultur erscheint auf den ersten Blick als absolut irrational: Wenn man die Praxis des Säuglingsmordes aufgeben würde, hätte man schließlich eine entscheidende Ursache für die Gewalttätigkeit der Männer aus der Welt geschafft. Dennoch entbehrt das System vielleicht nicht einer eigentümlichen Logik. Die Yanomamo leben zwar inmitten üppiger Vegetation, aber tierische Proteine sind in ihrer Umwelt Mangelware. Das führt häufig zu Scharmützeln mit benachbarten Stämmen um bestimmte Jagdreviere. Um sich in dieser Konkurrenz behaupten zu können, muß der Yanomamomann ein versierter Kämpfer von entsprechender Wildheit und Entschlossenheit sein. Durch den künstlich herbeigeführten Frauenmangel ist die Aggressivität der Männer auf Dauer garantiert.

Das hohe Maß an Gewaltäußerung bei den Yanomamo ist womöglich als praktische Lösung für Probleme anzusehen, die durch Knappheit an elementaren Ressourcen aufgeworfen werden. Die Dani mit ihren vielen Feldfrüchten und ergiebigen Jagdgebieten brauchen Angehörige rivalisierender Stämme nicht zu töten und haben sich daher einen Stil der Kriegführung zugelegt, der Blutvergießen vermeidet. Die Aggression gegen andere Stämme bleibt zwar bestehen und dient dazu, die sozialen Bande innerhalb des eigenen Stammes zu festigen, entbehrt jedoch jeder unnützen Tödlichkeit.

In modernen Stämmen beobachten wir ähnliche Gegensätze. Wo nicht fundamentale *Notwendigkeit* blutiger Gewalt besteht, wird der Kampf ritualisiert und ist kaum mehr als eine symbolische Schau. In einem rauheren Wirtschaftsklima jedoch kann sich die Struktur der Gewalt verändern, und es gibt Anzeichen dafür, daß eben dies heute in der Fußballkultur geschieht. Mit zunehmender Jugendarbeitslosigkeit und sozialer Entfremdung reicht der rituelle Rahmen oft nicht mehr aus, die Aggressionen in Grenzen zu halten. So kommt es zum Auftreten einer gänzlich neuen, menschenverachtenden Form von Gewalt. Das gilt auch für die Straßenbanden in den großen Städten der USA.

US-amerikanische Jugendbanden sind Stammesgruppen mit ausgeprägter Individualität und einem genau begrenzten Revier im Großstadtgebiet. So gibt es in New York rund 400 verschiedene Straßenbanden mit einer geschätzten Mitgliederzahl von insgesamt 10 000 bis 40 000. Eine Bande in Brooklyn oder der Bronx beherrscht normalerweise ein Revier, das nur aus einigen wenigen Häuserblöcken besteht, und meidet sorgsam alle Straßenzüge, die ein rivalisierender Stamm bereits mit Beschlag belegt hat. Mitglieder von »etablierten« Banden signalisieren ihre Mitgliedschaft, indem sie die »Farben« ihrer »Gang« tragen — ein selbst entworfenes Abzeichen, das auf die Kleidung aufgenäht ist.

Angeblich sind diese Banden dazu da, ihre Stadtviertel vor den kriminellen Aktivitäten Fremder zu schützen. Bandenmitglieder ergehen sich des langen und breiten über die ach so wertvolle soziale Rolle, die sie in der Gemeinschaft spielen, und über die Brüderlichkeit, die bei ihnen herrscht. Sie reden vom Schutz der Gemeinschaft und von der Hilfe für die Armen und Unterdrückten. Die Wirklichkeit sieht jedoch anders aus als diese geflissentlich propagierte Fiktion vom menschenfreundlichen Räuber à la Robin Hood. Viele Bandenmitglieder kontrollieren den örtlichen Rauschgifthandel, und Schlägertrupps, die von den ansässigen Geschäftsleuten Schutzgelder erpressen, sind keine Seltenheit.

Gewalttätigkeiten zwischen verschiedenen Banden sind eher selten, aber wenn sie vorkommen, kann es Schwerverletzte und Tote geben. Praktisch alle Bandenmitglieder sind bewaffnet — mit Schrotflinten, Macheten, Schnappmessern und Baseballschlägern —, und die Stammesregeln über die Kampfmethoden unterscheiden sich erheblich von denen britischer Fußballfans. Dagegen gibt es Ähnlichkeiten, was die elementaren Wertvorstellungen betrifft, deretwegen es zu Auseinandersetzungen kommt. Bandenmitglieder sprechen von »heart (Herz)« — dem Mut, für sich selbst und die Gruppe einzustehen und den Ruf und das Image der Bande zu verteidigen. In vieler Hinsicht ähneln die Konzepte des männliches Stolzes, der Tapferkeit und des unerschütterlichen Engagements angesichts persönlicher Gefahr denen in europäischen Jugendkulturen und in den meisten traditionellen Kulturen. Doch während die Regeln und Rituale der Fußballsubkultur dafür sorgen, daß Gewaltausbrüche weithin unblutig verlaufen, scheinen die Regeln der US-amerikanischen Straßenbanden das Gegenteil zu besagen und zu bewirken.

In den meisten britischen Jugendgruppen gilt es im allgemeinen als Zeichen von Feigheit, eine Waffe zu tragen, vor allem wenn der Gegner unbewaffnet ist. Die Jugendbanden der USA sehen die Dinge anders. Ein Mitglied einer rivalisierenden »Gang« zu provozieren, ohne eine Waffe bei sich zu haben, gilt als »dumm«. Bei Gruppenkonflikten versuchen die Banden denn auch häufig zu erraten, mit welchen Waffen ihre Gegner anrücken werden, um dann selber etwas noch »Tödlicheres« in petto zu haben. Wie ein New Yorker Bandenmitglied sagte: »Wenn es Zoff gibt und die anderen kommen mit Baseballschlägern, was tuste dann? Kommste auch mit'm Schläger? Nein, du steckst das Blei (die Schrotflinte) ein.«

Die Regeln bandenspezifischen Aggressionsverhaltens dienen dazu, das Überleben zu sichern, und wurzeln in praktischen Erwägungen. So wie die Yanomamo mit ihren Nachbarn um den Zugang zu lebenswichtigen Ressourcen streiten, so kämpfen die Straßenbanden darum, den erfolgreichen Verlauf ihrer kriminellen Aktionen in den von ihnen kontrollierten Revieren zu sichern. Beiden Arten von Stammesgruppen sind bestimmte Werte und Muster rituellen Verhaltens gemeinsam, aber wenn die Zeiten schlecht sind und mehr auf dem Spiel steht als nur die Ehre, wird auch das Töten für sie legitim.

Sündenböcke

Die europäischen Jugendstämme halten zwar im allgemeinen noch an einer Art von Aggression fest, die an die relativ »ungefährliche« Kriegsführung der Dani und anderer traditioneller Kulturen erinnert, doch kam es bei ihnen in einigen Fällen auch schon zu Eskalationen von Gewalttätigkeit. Und zwar auf den Fußballtribünen Englands ebenso wie bei den Stifosi und Ultras der italienischen Fußballszene. Die italienischen Fans haben stilmäßig viel von ihren britischen Kollegen übernommen und sind in Clans und Stämme gegliedert, die in vielerlei Hinsicht den Straßenbanden New Yorks und Los Angeles' ähneln. Während aber die britischen Fans in der ganzen Welt von den Medien

Stammesverhalten von seiner häßlichsten, modernen Seite: Junge faschistische französische Skinheads in den Straßen von Paris.

als »Pest« des internationalen Fußballs verteufelt werden, können die italienischen Fans in ihren heimatlichen Revieren unter Umständen eine viel größere Gefahr für Leib und Leben bedeuten.

Viele italienische Fußballstämme haben stilistisch viel von den Neo-Nazis übernommen, und ihre Kampfmethoden spiegeln häufig ihre extremen politischen Ansichten wider. Ihre Gewalt ist die »entfremdeter« Jugendlicher, die nach bequemen Sündenböcken suchen. Diese Gewalt ergibt sich nicht aus der Stammesbindung, sondern aus dem Mangel an Identifizierung und persönlichem Engagement, der für unsere übergroßen modernen Gesellschaften kennzeichnend ist. Die Rückkehr zum Hordenverhalten ist bei ihnen eine Abwehrreaktion — eine Reaktion, die die Wut und die Frustrationen des Alltags eher schürt als eingrenzt.

Bei einem Fußballspiel in Neapel ist heutzutage das Stadion meist von bewaffneten Polizisten umstellt, die zum Teil Maschinengewehre bei sich haben; in den Straßen stehen Wasserwerfer und gepanzerte Fahrzeuge zum Versprühen von Tränengas bereit. Auch auf den Rängen sitzen bewaffnete Polizisten und Soldaten, und selbst die Ordner in den Presseräumen tragen Revolver. Vom Spielfeld trennt die Fans ein zwölf Meter tiefer Graben. Die Spieler können den Platz nur durch einen schwer bewachten Tunnel erreichen. Derartige Maßnahmen sind nach Ansicht der zuständigen Stellen unbedingt notwendig, nicht nur um Schlägereien zwischen rivalisierenden Anhängern, sondern auch lebensgefährliche Attacken auf Spieler und Manager zu verhindern. Aufgrund dieser Sicherheitsvorkehrungen haben die italienischen Fußballfans kaum Gelegenheit zu direkten, körperlichen Kontakten mit ihren Rivalen und müssen daher ihren Aggressionen durch symbolische Aktionen Luft machen, die von erschreckender Intensität sein können. Im Gegensatz zu ihren britischen Kollegen, die sich meist mit dem Absingen von Liedern sowie Gegröle und Gesten begnügen, schlagen die Ultras bisweilen während des ganzen Spiels ihre Stammestrommeln, entzünden auf den Rängen Feuer und erzeugen mit Feuerwerken und Rauchkerzen eine fast undurchdringliche Nebelwand.

Faschistische Untertöne, die Art und Ausmaß der Stammesaggressionen in vielen italienischen Jugendgruppen maßgeblich bestimmen, finden sich auch in manchen französischen Subkulturen. Die Skinheads von Paris haben sich zwar, ebenso wie die Fußballfans in Italien, von der britischen Jugendkultur inspirieren lassen, gehen aber oft noch brutaler mit ihren Opfern um. Zu den berüchtigtsten Jugendstämmen von Paris gehört der sogenannte »Nazi-Klan«, der seinen Stil von der britischen Punkbewegung der späten siebziger Jahre übernahm. Auf den Rängen der Fußballstadien erkennt man die Mitglieder dieses Nazi-Klans an ihren »Sieg-Heil«-Rufen und ihrem dem Nationalsozialismus nachempfundenen Gruß. In den Straßen des Quartier Saint Michel machen sie regelmäßig durch Tätlichkeiten gegen Einwanderer und mutwillige Brutalität von sich reden. Sie kontrollieren die Katakomben und die leeren Metro-Schächte und behandeln jeden, den sie dort antreffen, als Eindringling in ihr Stammesrevier.

Die Gewalttätigkeiten des Nazi-Klans gleichen denen von Stadtguerillas — Reaktionen auf vermeintliche Unterdrückung und Benachteiligung. In dieser Art Krieg gibt es wenig Hemmungen, und die Auseinandersetzungen gelten oft Gegnern, die — unabhängig von der gesellschaftlichen Realität — ziemlich willkürlich zum Sündenbock abgestempelt werden. So richten die britischen Skinheads etwa ihre Feindseligkeiten gegen bestimmte andersgeartete Gruppen wie Homosexuelle oder Asiaten — und machen die neofaschistischen Jugendverbände Europas Jagd auf andere Randgruppen, denen sie die Schuld an ihrer eigenen Misere »in die Schuhe schieben«. Und erst indem sie derart künstliche Feindbilder aufbauen und vor den wahren Ursachen ihrer Notlage die Augen verschließen, entwickeln sie oft ihre Gruppenbindungen.

Das Herstellen von Stammessolidarität dadurch, daß man einen Popanz aufbaut, ist auch für die Geschichte und Entwicklung des Ku Klux Klan typisch, dieser rassistischen Organisation in den Südstaaten der USA, die schon lange vor Bekanntwerden virulent war. Nach den Wirren des Bürgerkriegs entstanden, legte sich der KKK rituelle Gewänder und Verhaltensweisen zu, die ganz mit Bedacht ein Ziel verfolgten: die schwarze Bevölkerung in Angst und Schrecken zu versetzen. Die Mitglieder des KKK gehörten fast ausnahmslos den mittellosen weißen Schichten an, waren »weißer Abfall«, wie die Schwarzen spotteten. Indem sie die Schwarzen als rassisch minderwertig hinstellten, konnten sie sich selbst als höherwertige Kaste empfinden, auch wenn ihre wirtschaftliche Lage und ihre Ausbildung, verglichen mit anderen Gegenden der USA, jämmerlich waren.

Als der KKK nach dem Ersten Weltkrieg einen neuen Mitgliederboom erlebte, kamen zu den bisher schon verhaßten Außenseitern neue »Sündenböcke« hinzu. W. J. Simmons, der an der Spitze des umstrukturierten Klans stand, nutzte sein Geschick als Prediger, um die Feindschaft seines Stammes nicht nur gegen Schwarze zu richten, sondern auch gegen Katholiken, Juden und Leute, die politisch links standen. Gewalt, Lynchmorde und sorgfältig gesteuerte Tätlichkeiten tarnten sich mit dem Mäntelchen eines achtbaren protestantischen Konservativismus wie mit den reichlich lächerlichen weißen Kapuzen und Masken des KKK.

Derselbe Vorgang — Stiftung von Gruppensolidarität durch Verunglimpfung und Verfolgung anderer — ist, wie schon erwähnt, auch bei den Stämmen der britischen Skinheads und mit diesen »verwandten« jugendlichen Subkulturen zu beobachten. Wie deren neue Konvertiten und wie der KKK in den Vereinigten Staaten fühlen sich die Angehörigen der »unteren« weißen Arbeiterklassen in einer Gesellschaft entfremdet, in der es ihnen nicht gelungen ist, Status zu erringen. Ihre Frustration lassen sie an Gruppen aus, von denen sie ohne logischen Grund glauben, sie seien an ihrer hoffnungslosen Lage schuld. Einwanderer aus Asien werden in die gleiche Rolle gedrängt wie einst die Juden

Der Faschistengruß bei einem italienischen Fußballspiel — beängstigend und einschüchternd.

im NS-Deutschland. Im Weltbild der Skinheadkultur sind solche Außenseiter »an allem schuld«, und damit ist Gewalt gegen sie erlaubt.

Grenzen der Stammesgewalt

Stammesloyalitäten können zu zweierlei Art von Aggression führen: einerseits zu harmlosen Ritualen, andererseits zu brutaler, rücksichtsloser Gewalt. Über die Art, wie sich Stammesfeindseligkeiten äußern, entscheiden in erster Linie ökonomische Zusammenhänge. Wenn eine Gruppe keine Hoffnung auf eine bessere Zukunft und materielles Wohlergehen hat, nimmt ihre kollektive Gewalttätigkeit immer mehr Formen wie bei den Yanomamo an. Wenn dagegen die Grundbedürfnisse der Gruppe befriedigt werden und die Individuen innerhalb der Gruppe das Gefühl haben, geschätzt und geachtet zu sein, so hat die aus Stammeskonflikten erwachsende Aggression den harmlosen Charakter des »Krieges« bei den Dani. Die Yanomamo sind zu Plünderung, Raub und Mord gezwungen, weil es in ihrer Umwelt an verfügbarem Protein mangelt. Dagegen können es sich die relativ wohlversorgten Dani leisten, »Krieg zu spielen«, weil es bei ihnen nur um den Stammesstolz geht.

Wie wir gesehen haben, gibt es Grenzen für die Eskalation von Stammesgewalt. Stammesbindungen können zwar einerseits dazu führen, daß bestimmte feindselige Einstellungen entstehen und die Aggression auf spezifische Ziele gelenkt wird. Aber dieselben Bindungen sorgen auch für die Eindämmung der Gewalt. Stammesgewalt ist im wesentlichen *sozialer* Natur, d. h., es gibt eine Art Grundkonsens zwischen den Protagonisten. Hingegen ereignet sich Gewalttätigkeit in Form von Massakern und Völkermord hauptsächlich dann, wenn diese sozialen Hemmungsmechanismen so erlahmt sind, daß sie nicht mehr greifen. Das war beispielsweise in der Zeit der Kolonialisierung traditioneller Kulturen durch europäische Staaten der Fall. Angesichts eines Feindes, der für die Vernichtung erprobter Formen des Stammeslebens stand, war die Gegnerschaft überaus erbittert.

Der moderne Krieg zwischen verschiedenen Nationen ist ein Musterbeispiel für unpersönliche, nicht stammesgebundene Gewalt, und so sind seine Folgen zwangsläufig weit schlimmer als die Schlachten zwischen traditionellen Gesellschaften. Liegt das aber nicht einfach an der mittlerweile erreichten Höhe der Technologie? Beim heutigen Stand der modernen Waffentechnik könnte irgendein Nobody in den USA eine ganze Stadt in der Sowjetunion vernichten, indem er nur auf ein Knöpfchen drückt. Bei einer solchen Tötungshandlung ist kaum noch Raum für unmittelbare soziale Betroffenheit und die mit ihr einhergehenden Hemmungen.

Nun, der Stand der heutigen Waffentechnik mag zwar die Tödlichkeit und Unpersönlichkeit des modernen Krieges erklären; aber damit ist das Thema nicht erledigt. Die Tatsache, daß wir den Einsatz solcher Vernichtungswaffen auch nur erwägen können, deutet darauf hin, daß die Organisation unserer Gesellschaft sich weit, sehr weit von ihrem Stammeserbe entfernt hat. Wie wir früher (s. Seite 136) gesehen haben, nutzten die Dani auf Neu-Guinea ihre Kenntnisse über Vögel und Vogelflug nicht dazu aus, tödlichere Kriegswaffen herzustellen. Und ein noch schlagenderes Beispiel für die Haltung eines traditionellen Stammes in der Frage der Rüstungsbegrenzung lieferten die Indianer der nordamerikanischen Prärien. Ihre Kultur lebte aus den Traditionen der Jagd. Zu ihrem Überleben und Gedeihen entwickelten sie Waffen, mit denen man sehr wirkungsvoll Büffel und andere Tiere erlegen konnte. Diese Waffen bedeuteten natürlich einen beträchtlichen Fortschritt gegenüber älteren Methoden des Tötens von Großtieren wie etwa dem Hetzen in einen Abgrund. Mit Pfeil und Bogen konnten die Beutetiere dort erlegt werden, wo ihr Fleisch benötigt wurde. Natürlich hätte diese neue Technik auch zum Töten von Menschen und zum Bekriegen rivalisierender Stämme gebraucht werden können. Gleichwohl sind Pfeil und Bogen niemals zu einer Waffe gegen Menschen gemacht worden, obwohl die Kenntnisse und Möglichkeiten dafür zweifellos vorhanden waren. Die Büffel haben Rippenbögen, die vertikal verlaufen. Um die Tiere zu töten, war es logisch, die aus Feuerstein gefertigte Pfeilspitze so am Pfeil anzubringen, daß sie parallel zur Kerbe am Pfeilschaft verlief, d. h. von oben nach unten. So konnten die Pfeile leicht in den Brustkorb des Büffels eindringen und seinen raschen Tod herbeiführen.

Beim Menschen verlaufen die Rippen bekanntlich horizontal. Um Pfeil und Bogen als Kriegswaffe gebrauchen zu können, hätte es nur einer kleinen Modifikation an der Pfeilspitze bedurft. Als den Indianern Pfeilspitzen aus Metall (gewonnen aus den weggeworfenen Bratpfannen weißer Siedler) zur Verfügung standen, hätte es die Möglichkeit gegeben, eine solche Kriegswaffe noch tödlicher zu machen. Aber die entscheidenden Änderungen dieser Art unterblieben. Pfeil und Bogen dienten nur zum Jagen und Töten von Beutetieren. Beim Kriegführen kam es mehr darauf an, Ehre und Ruhm zu erwerben, als darauf, gegnerische Krieger niederzumetzeln.

In Stammesgesellschaften bestimmen strenge kulturelle Traditionen und Regeln, auf welche Weise Ehre und Ruhm in der Schlacht zu erwerben sind. Bei den meisten Indianerstämmen Nordamerikas war das »Abschlagen« die vorgeschriebene Methode. Es galt, sich zu Pferd an den Gegner heranzupirschen und ihm mit der bloßen Hand, oder auch mit dem Bogen, einen Schlag auf den Kopf zu versetzen; manche Stämme hatten für diesen Zweck spezielle Schlagstöcke, aber das Prinzip war dasselbe. Die Ehre war unabhängig von der Schwere der zugefügten Verletzung, sondern gebührte jenen, die Mut und Furchtlosigkeit in Verbindung mit einem Akt der »Gewalt« zeigten — einer derart begrenzten Gewalt, daß sie fast nur noch Symbolcharakter hatte.

Solche Rituale der Gewalt waren natürlich nur möglich, weil der Krieger wußte, daß es seinem Gegner ebenfalls auf das »Abschlagen« ankam und nicht darauf, ihn zu töten. Das Kriegführen stützte sich auf gegenseitiges Vertrauen zwischen zwei Gruppen. Dasselbe gilt auch für moderne Stammeskonflikte. Die britischen Fußballfans bedienen sich bei ihren aggressiven Ritualen stilisierter Gesten und Gesänge. Das Interessante an diesen Gesängen ist, wie wir bereits gesehen haben, daß sie zwar beleidigend sind, aber dem Gegner nicht das Menschsein absprechen. Nur selten werden die Fans der Gegenseite als Tiere bezeichnet, und für gewöhnlich werden ihnen auch keine tierischen Eigenschaften nachgesagt. Wenn man im Kampf mit dem Rivalen Ruhm und Ehre einlegen will, muß man ihn auf eine ähnliche Stufe stellen wie sich selbst. Um zu verstehen, wie es kommen konnte, daß Gewalttätigkeit in der modernen Gesellschaft zu einem so destruktiven und menschenverachtenden Elend geworden ist, müssen wir uns vor Augen halten, daß unsere jagenden Vorfahren mitten unter uns wieder das Haupt erheben.

Der Jagdfaktor

Die Tatsache, daß wir von Jägern abstammen, ist kaum genug zu betonen. Nach Ansicht des Anthropologen Robin Fox wirkt sich dieser Aspekt unserer biologischen und kulturellen Entwicklungsgeschichte prägend auf alle Facetten des modernen Lebens aus. Die Vorstellung vom »zivilisierten« Menschen, die auf unserer jüngsten Vergangenheit in industrialisierten Gesellschaften basiert, ist seiner Meinung nach zu platt, um unser Verhalten richtig zu verstehen. Um unsere wahre Natur zu ergründen, müssen wir den Blick vielmehr auf viel frühere Stadien unserer Stammesgeschichte richten:

Der Lebensrhythmus der Menschen auf der Baffin-Insel wird noch heute weitgehend vom Walfang bestimmt.

Wir bleiben Jäger der älteren Altsteinzeit, trefflich organisierte Maschinen zur wirksamen Verfolgung der Beute. In der Geschichte unserer Evolution ist nichts Nennenswertes geschehen,

Oben
Die Birkhuhnjagd ist in Großbritannien
ein teurer Sport für die oberen Zehn-
tausend. Die meisten dieser Vögel werden
eigens zu Jagdzwecken aufgezogen
und bringen dem Grundbesitzer
teure Abschußgebühren.

Links
Krokodiljagd, wie sie noch heute bei
den Palau in Mikronesien betrieben wird.

Rechts
Die Fuchsjagd in Großbritannien gehört zu den höchst-stilisierten Formen jagdlicher Rituale. Sie ist mit Initiationszeremonien verbunden, bei denen dem Novizen das Gesicht mit dem Blut eines frisch erlegten Fuchses beschmiert wird. Bei den traditionelleren Jagden tragen die Teilnehmer die typischen roten Jacken, die sogenannten »pinks«.

Rechts
Die Fuchsjagd in Großbritannien gehört zu den höchst-stilisierten Formen jagdlicher Rituale. Sie ist mit Initiationszeremonien verbunden, bei denen dem Novizen das Gesicht mit dem Blut eines frisch erlegten Fuchses beschmiert wird. Bei den traditionelleren Jagden tragen die Teilnehmer die typischen roten Jacken, die sogenannten »pinks«.

Unten
Wildschweinpirsch bei den südamerikanischen Urueu-Wau-Wau-Indianern.

seit wir vom Jagen abließen und zu Landwirtschaft und Städtebau übergingen — bestenfalls eine geringfügige Selektion im Zeichen der Epidemieresistenz, aber wahrscheinlich nicht einmal das. »Der Mensch als Jäger« ist keine Episode unserer fernen Vorvergangenheit; wir sind noch immer Jäger — doch nun zubetoniert, domestiziert, umweltverschmutzt, übervölkert, ratlos.

Fox vertritt gemeinsam mit anderen die Ansicht, daß unsere Evolution als Jäger in unserer genetischen und biologischen Grundausstattung noch immer nachweisbar sei. Unser Hirn bleibe auf Jagd programmiert, auch wenn unsere Umwelt und die Gegebenheiten sich radikal verändert hätten. Die Anhaltspunkte für diese These sind, gelinde gesagt, recht spekulativ. Aber die Vorstellung, daß wir, sei es aus biologischen, sei es aus kulturellen Gründen, Jäger in der modernen Welt geblieben sind, macht entscheidende Merkmale unseres sozialen und politischen Verhaltens begreiflich.

Bleibt in vielen traditionellen Gesellschaften die Jagd auf Tiere nach wie vor eine für das physische Überleben unabdingbare Notwendigkeit, so nimmt sie in modernen Gesellschaften ganz andere Formen an. Unsere Neigung, Beute zu machen, zeigt sich deutlich in der Welt des Kleinunternehmers, der die gleichen psychologischen Verfahren und Fertigkeiten anwendet wie weiland seine Ahnen auf den afrikanischen Savannen. Wir haben gesehen, wie der moderne Sport sich zu einem Ventil für anscheinend überflüssig gewordene körperliche Eigenschaften und Fertigkeiten entwickelt hat. Aber am unmittelbarsten drückt sich dieses Stammeserbe wohl in unserer unverminderten Lust am Jagen und Töten von Tieren aus, auch da, wo diese Jagd kaum noch praktischen Nutzen bringt.

Die Hobbyjagd wird hauptsächlich von Männern betrieben, und zwar in Gruppen. Sie führt Individuen mit einem gemeinsamen Ziel zu kooperativer Tätigkeit zusam-

men. Mitunter wird ein scheinbar plausibler Grund für die Jagd vorgeschoben; man spricht von »Hege und Pflege«, von der Reduzierung des Fuchs- oder Rotwildbestandes. Solche Erklärungen sind meistens nicht sehr überzeugend und können den wahren Zweck der Übung nicht verschleiern: die Demonstration männlicher Fertigkeiten und Fähigkeiten in einem engen sozialen Verbund. Tatsache ist auch, daß gerade in den reichsten Ländern Hobbyjagd und Sportfischerei am weitesten verbreitet sind. Der Anthropologe Lionel Tiger merkt an, daß der Wunsch von Menschen in Überflußgesellschaften, die Nahrungsbeschaffung in traditionellen Kulturen nachzuspielen, ein Beweis dafür sei, wie stark noch immer unsere Jagdinstinkte sind.

Diese unverminderte Jagdlust kann in modernen Gesellschaften jedoch Probleme aufwerfen. Aufgrund der Unüberschaubarkeit und Unpersönlichkeit vieler moderner Gesellschaften kann es unter bestimmten Umständen passieren, daß sich die Gewalt des Beutejägers nicht nur gegen Tiere richtet, sondern auch gegen Menschen.

Um Stammesaggressionen und Gewalt in einem bestimmten, begrenzten sozialen Rahmen ausleben zu können, ist es nötig, diese deutlich von Jagdaktivitäten zu unterscheiden, bei denen Tiere ohne Zeremonien jeglicher Art getötet werden. Die Omaha-Indianer hatten für Krieg das Wort *nuatathishon*, das auf eine Unterscheidung dieser Art abstellte und Handlungen bezeichnete, die ein »Krieger« legitimerweise begehen konnte. *Nuatathishon* bedeutete »Krieg mit Menschen«, insbesondere den Kampf mit erwachsenen Männern. Kinder und Frauen waren ausdrücklich aus der Klasse jener Menschen ausgeschlossen, gegen die sich Gewalt richten durfte. Auch die Art der Gewaltanwendung selbst unterlag genau vorgeschriebenen, strengen Regeln, sah relativ unblutiges Verhalten und ständige Rücksichtnahme auf die Menschlichkeit des Gegners vor.

Oben
Die zeremoniellen Trophäen von früheren Jagden, hier zur Schau gestellt vom Herzog und der Herzogin de Brissac in ihrem Landhaus.

Ganz oben
Bei Hirschjagden in Frankreich wird nicht nur querfeldein, sondern auch durch Wasserläufe gejagt.

Die Turkana in Kolumbien erlegen
Fische mit Pfeil und Bogen.

Diese für den Stammeskrieg typische Nicht-Entmenschlichung des Gegners findet sich auch in vielen Jugendstämmen der modernen Kulturen. Anstatt Rivalen und Gegner als »Tiere« abzustempeln, auf die Jagd gemacht werden darf, bedienen sie sich eines »Entmännlichungsprozesses«. D.h., der Gegner ist für sie zwar immer noch Mitmensch, man spricht ihm aber auf symbolische Weise seine Männlichkeit ab. So unterstellen die Schlachtgesänge der Fußballstämme den Rivalen, daß sie homosexuell sind, einen kleinen Penis haben und häufig masturbieren. Der »Heim«-Stamm hingegen erscheint in den Liedern und Gesängen als heterosexuell und mit erheblicher Manneskraft und Libido gesegnet. Beziehungen der gleichen Art zwischen Sexualität und Aggression finden sich auch in traditionellen Gesellschaften. So übertreibt der Dani-Krieger die Größe seines Gliedes, indem er ein überdimensionales Penisfutteral trägt; manche dieser Behältnisse sind gut einen Meter lang!

Die größte Ironie unserer Entwicklungsgeschichte ist es vielleicht, daß sich das Stammesvermächtnis des Beutejägers vor allem in modernen Gesellschaften Bahn bricht, die

Das brennende Kreuz und die weißen Gewänder des Ku Klux Klan — hier bei einem Nationalkonvent in Connecticut 1986 — sind Stammesembleme, die den verhaßten Gegnern dieser finsteren Organisation Angst einjagen sollen.

so schnell gewachsen sind, daß es in ihnen nicht zur Ausbildung eines Stammesverbundes gekommen ist. Während Stammesgesellschaften bei Konflikten mit Mitmenschen die Möglichkeit von Beuteverhalten ausschließen, ist für die moderne Kriegführung nicht nur ihre technische Perfektion kennzeichnend, sondern auch die furchtbare Tödlichkeit, die daraus resultiert, daß wir Menschen als »Untermenschen« und daher als legitime Opfer unseres Beuteverhaltens betrachten.

Mit wachsendem Verlust des sozialen Nutzwertes unserer »Stammesviolenz« breitet sich blankes Entsetzen aus; dazu brauchen wir nur an Ereignisse aus der jüngsten Geschichte unserer westlichen Gesellschaften zu denken. Eines dieser Ereignisse ist wie eine nicht verheilende Wunde am menschlichen Kollektivbewußtsein: die systematische Ausrottung von rund sechs Millionen Juden sowie einer unbekannten Anzahl von Zigeunern, Homosexuellen, »Asozialen« und anderen Menschen in den nationalsozialistischen Konzentrationslagern. Man nimmt mitunter an, daß die Schergen, die für den Betrieb der Gaskammern in Auschwitz und Bergen-Belsen verantwortlich waren, blutrünstige, entmenschte Gesellen mit einer perversen Lust am Töten und Vernichten gewesen seien. Tatsächlich aber waren viele von ihnen ganz normale Menschen, jedoch verstrickt in ein kollektives Handlungsmuster, das nur außerhalb jeglichen Stammeskontextes denkbar war. Das ganze Geschäft der Massenvernichtung wurde methodisch und leidenschaftslos »betrieben«. Die Juden fielen nicht krankhaften Greueltaten wildgewordener Irrer zum Opfer. Sie wurden in Reih und Glied in die als Duschräume getarnten Kammern geführt und ohne Lust am Töten vergiftet oder erstickt.

Solche grauenhaften Taten kann man nur dann so unbeteiligt begehen, wenn die Opfer mit Erfolg auf den Status von Untermenschen erniedrigt worden sind. Wenn die nackte, zitternde, zerbrechliche Gestalt, die vor einem steht, nicht mehr als Mensch

Punker aus den Slums von Mexico City machen ihrem Gefühl von Entfremdung und Verzweiflung in Schlägereien auf der Straße Luft.

empfunden wird, sondern als Tier, dann berührt einen ihr Tod nicht mehr als der einer vergifteten Ratte oder eines Wurms, den man spielend und mit Wonne zertritt. So können wir eine ganze Kaninchenpopulation dem langsamen, qualvollen Tod durch Myxomatose aussetzen, ohne daß sich großer Protest erhebt: Für uns zählt nur, daß die Kaninchen die Saat auf den Feldern abfressen, die Ernte vernichten und den Bauern Geld kosten. Sobald Menschen sozusagen zu Kaninchen herabgewürdigt worden sind, läßt uns ihr Tod genauso gleichgültig. Die Art, wie man sie tötet, ist unerheblich, wenn sie angeblich eine Gefahr für den Fortschritt des Superstammes darstellen — oder, wie im Falle des Nationalsozialismus, für die Herrschaft des arischen Menschen.

Der Jagdfaktor, verbunden mit unserer einzigartigen Fähigkeit, die Ziele unserer Aggression symbolisch zu transformieren, läßt uns Dinge tun, die sonst undenkbar wären. Die Entmenschlichung des Mitmenschen lernt sich jedoch nicht über Nacht. Selbst im gesichtslosen, anonymen Kontext unserer modernen Gesellschaften zwingt uns das Stammeserbe normalerweise, auch in unserem schlimmsten Feind noch den Menschen zu sehen. Die erwähnte Transformation gelingt erst, wenn die nationalen Kulturen, in denen wir leben, über zwei kennzeichnende Voraussetzungen verfügen.

Das eine Kennzeichen ist die für unsere Gesellschaften typische unpersönliche Herrschaftsstruktur. Zu den beliebtesten Argumenten der Verteidigung bei den Nürnberger Prozessen gehörte der Einwand, die der Verbrechen gegen die Menschlichkeit angeklagten Personen hätten schließlich nur auf Befehl ihrer Vorgesetzten gehandelt. Auch im Falle des Leutnants Calley, der während des Vietnamkriegs 1968 für das Massaker in My Lai verantwortlich war, drehte es sich um die Frage, ob er einem gesetzwidrigen

Befehl gefolgt war oder nicht, als er die Tötung von Hunderten unschuldiger vietnamesischer Familien anordnete. Diese anonyme Herrschaftsstruktur führt nicht zwangsläufig zu bedingungsloser Gewalt. Ein Soldat, der den Befehl erhält, ohne ersichtlichen Grund seinen Kameraden zu erschießen, wird sich gewiß weigern, das zu tun — koste es, was es wolle. Dennoch kann eine anonyme Macht einen Prozeß in Gang setzen, der bestimmte Menschengruppen zu Tieren oder gar Dingen degradiert — ein Prozeß, der als Gewöhnung bekannt ist.

Der Begriff »Gewöhnung« bezieht sich auf die Verwendung von Sprache und darauf, wie Menschen bezeichnet werden. Wir brauchen nur an die nationalsozialistische Propaganda der dreißiger Jahre zu denken, um zu erkennen, wie leicht es ist, eine menschliche Rasse für alle Übel der Gesellschaft verantwortlich zu machen und anschließend auf den Status von »Untermenschen« herabzudrücken. Dauernd war von »Judengeschmeiß«, »Judensau«, »Gewürm« usw. die Rede. Auch von dem angeblichen Animalismus der Juden wurde viel Wesens gemacht. Es hieß, sie verschlängen ihre eigenen Kinder und trieben Inzest — zwei Tabus, vor denen ein normaler Mensch zurückschrickt. Wenn Generalfeldmarschall von Reichenau Parolen ausgab wie die, der deutsche Soldat müsse die Notwendigkeit einer »strengen, aber gerechten Rache am jüdischen Untermenschentum« begreifen, so trug er sein Teil zu einem Prozeß bei, der schließlich dazu führte, daß die »Endlösung« Wirklichkeit wurde. Zugleich entsprachen solche Äußerungen genau den von der SS ausgegebenen »Sprachregelungen«. Diese enthielten streng kodifizierte Anweisungen, mit welchen Begriffen das Geschäft der Ausrottung und Vernichtung zu bezeichnen und auf welche Weise von den Opfern zu reden sei. Der Ausdruck »Endlösung« selbst gehörte zur bürokratischen Transformation der Realität. Mit Wörtern wie »Massenausrottung«, »Mord« und »Folter« lebt es sich nicht gut, weil sie einfach Widerwillen hervorrufen; Begriffe wie »Sonderbehandlung« und »Evakuierung« dagegen verschleiern den wahren Charakter der begangenen Greueltaten. Durch bewußten Gebrauch der Sprache transformieren wir nicht nur den Status der Opfer, sondern auch unsere eigene Wahrnehmung der von uns begangenen Taten.

Solche Transformationen, die nur in modernen Gesellschaften mit einer unüberschaubaren, unpersönlichen Bürokratie möglich sind, sind der wesentliche Unterschied zwischen Stammeskrieg und modernem Krieg. Die Technologie der heutigen Waffen trägt zur Destruktivität der Kriegführung bei, ist als solche aber nicht verantwortlich für unsere Fähigkeit zur Massenvernichtung. Erst wenn wir zum Jäger ohne Stamm werden, verdienen wir die zweifelhafte Auszeichnung, die mörderischste lebende Spezies auf unserer Erde zu sein.

BIBLIOGRAPHIE

Angeloglou, M., *A History of Make-up*. London: Studio-Vista, 1970

Atkinson, J. M., »The effectiveness of shamans in an Indonesian ritual«, *American Anthropologist*, 89, 1987

Barr, A. und York, P., *The Official Sloane Ranger Handbook*. London: St. Martin, 1983

Barrett, L. E., *The Rastafarians: The Dreadlocks of Jamaica*. Kingston: Sangster's/Heinemann, o. J.

Bogdanor, V. und Skidelsky, R. (Hrsg.), *The Age of Affluence*. London: Macmillan, 1970

Boyd, D. J., »The commercialization of ritual in the Eastern Highlands of Papua New Guinea«, *Man* (N.S.), 20, S. 325—340

Brake, M., *Comparative Youth Culture*. London: Routledge and Kegan Paul, 1985

Broby-Johansen, R., *Body and Clothes*. London: Faber, 1968

Calder, N., *The Human Conspiracy*. London: BBC, 1976

Cameron, A., *Circus Fractions: Blues and Greens at Rome and Byzantium*. Oxford: Oxford University Press, 1976

Campbell, A., *The Girls in the Gang*. New York: Blackwell, 1984

Caudrey, A., »Greenham — the survival camp«, *New Society*, 4. April 1986

Caudrey, A., »Respectable sisters«, *New Society*, 18. Oktober 1985

Chagnon, N., *Yanomamo — The Fierce People*. New York: Holt, Rinehart and Winston, 1977

Chambers, I., *Popular Culture: The Metropolitan Experience*. London: Methuen, 1986

Charsley, S., »What does a wedding cake mean?«, *New Society*, 3. Juli 1987

Cheska, A. T., »Sports Spectacular: The Social Ritual of Power«, in Hart und Birrell (Hrsg.), *op. cit.*

Cohen, S., *Folk Devils and Moral Panics*. London: MacGibbon and Kee, 1972

Eibl-Eibesfeldt, I., *Krieg und Frieden aus der Sicht der Verhaltensforschung*. München: Piper, 1980

Elkin, A. P., *The Australian Aborigines*. New York: Doubleday, 1964

Fiske, S., »Pigskin Review: An American Institution«, in Hart und Birrell (Hrsg.), *op. cit.*

Flugel, J. C., *The Psychology of Clothes*. London: Hogarth Press, 1930

Forty, A., *Objects of Desire*. London: Thames and Hudson, 1986

Fox, R., *Encounter with Anthropology*. New York: Harcourt, Brace, Jovanovich, 1973

Gardner, R. und Heider, K. G., *Gardens of War*. London: André Deutsch, 1969

Geertz, C., »Deep Play: Notes on the Balinese Cockfight«, *Daedalus*, S. 1—37, 1972

Gillis, J., »Weddings great and small«, *New Society*, 18. Juli 1986

Gmelch, S. B., »Groups that don't want in: Gypsies and other artisan, trader, and entertainer minorities«, *Annual Review of Anthropology*, 15, S. 307—330, 1986

Goody, J. R., *Production and Reproduction: A Comparative Study of the Domestic Domain*. Cambridge: Cambridge University Press, 1977

Hall, S. *et. al.* (Hrsg.), *Resistance Through Rituals*. London: Hutchinson, 1976

Hammond, D., *Associations*. Reading (Massachusetts): Addison-Wesley, 1972

Harris, M., »The Doc Marten Angels«, *New Society*, 24. Mai 1984

Hart, G., »The Droppies«, *New Society*, 5. September 1986

Hart, M. und Birrel, S. (Hrsg.), *Sport in the Sociocultural Process*. Dubuque (Iowa): William C. Brown, 1981

Haviland, W. A., *Cultural Anthropology*. New York: Holt, Rinehart and Winston, 1983

Heald, S., »The making of men: the relevance of vernacular psychology to the interpretation of a Gisu Ritual«, *Africa*, 52 (1), 1982

Heald, S., »The Ritual Use of Violence: Circumcision among the Tisu of Uganda«, in Riches (Hrsg.), *op. cit.*

Hebdige, D., *Subculture: The Meaning of Style*. London: Methuen, 1979

Hebdige, D., »Reggae, Rastas and Rudies«, in S. Hall *et al.* (Hrsg.), *op. cit.*

Howard, M., *War in European History*. Oxford: Oxford University Press, 1976 (deutsche Übersetzung: *Der Krieg in der europäischen Geschichte*. München: Beck, 1981)

Howard, M. C., *Contemporary Cultural Anthropology*. Boston: Little, Brown & Co., 1986

Jefferson, T., »The cultural meaning of the Teds«, in S. Hall *et al.* (Hrsg.), *op. cit.*

Kaplan, D. E. und Dubro, A., *Yakuza*. London: Macdonald, 1987

Kelman, H., »Violence without moral restraint«, *Journal of Social Issues*, 9, 1973

Knight, S., *The Brotherhood*. London: Grafton, 1985

Knipe, H. und Maclay, G., *The Dominant Man*. London: Souvenir Press, 1972

Kondo, D., »The way of tea: A symbolic analysis«, *Man* (N.S.), 20, S. 287—306

La Fontaine, J. S. (Hrsg.), *The Interpretation of Ritual*. London: Tavistock, 1972

La Fontaine, J. S., *Initiation: Ritual Drama and Secret Knowledge Across the World*. Harmondsworth: Penguin, 1985

Leakey, R. E., *Origins*. London: Macdonald and Jane's, 1977 (deutsche Übersetzung: *Wie der Mensch zum Menschen wurde. Neue Erkenntnisse über den Ursprung und die Zukunft der Menschen*. Hamburg: Hoffmann und Campe, 1978)

Little, K., »The role of voluntary associations in West African Urbanization«, in Van den Berghe (Hrsg.), *op. cit.*

Lomax, D., »The Freemasons«, *The Listener*, 21. Mai 1987

Lowenberg, M. E. *et al.*, *Food and People*. New York: Wiley, 1979

Marsh, P., *Aggro: The Illusion of Violence*. London: Dent & Son, 1978

Mash, P. und Collett, P., *Driving Passion: The Psychology of the Car*. London: Jonathan Cape, 1986

Marsh, P., Harre, R. und Rosser, E., *Rules of Disorder*. London: Routledge and Kegan Paul, 1968

Marvin, G., »Honour, Integrity and the Problem of Violence in the Spanish Bullfight«, in Riches (Hrsg.), *op. cit.*

Miller, W. B., *Violence by Youth Gangs and Youth Groups as a Crime Problem in Major American Cities*. Washington D.C.: U.S. Government Printing Office, 1975

Moorehead, C., »The women of Japan«, *New society*, 20. Dezember 1984

Morris, D., *The Naked Ape*. London: Jonathan Cape, 1967 (deutsche Übersetzung: *Der nackte Affe*. München: Droemer-Knaur, 1970)

Morris, D., *The Soccer Tribe*. London: Jonathan Cape, 1981 (deutsche Übersetzung: *Das Spiel*. München: Droemer-Knaur, 1981)

Morris, D., *Bodywatching*. London: Jonathan Cape, 1985 (deutsche Übersetzung: *Körpersignale. Bodywatching*. München: Wilhelm Heyne, 1986)

Morris, D., Collett, P., Marsh, P. und O'Shaughnessy, M., *Gestures: Their Origins and Distribution*. London: Jonathan Cape, 1979

Newman, O., *Defensible Space*. New York: Macmillan, 1973

Panton, L., »Polygamy — the ›honest way‹ of taking a partner«, *The Listener*, 15. August 1985

Plinius der Jüngere, *Briefe in einem Band*. Buch IX, 6. Berlin und Weimar: Aufbau, 1984

Polhemus, T. (Hrsg.), *Social Aspects of the Human Body*. Harmondsworth: Penguin, 1978

Riches, D. (Hrsg.), *The Anthropology of Violence*. Oxford: Blackwell, 1986

Rutherford, P., *The Druids — Magicians of the West*. Wellingborough: Aquarian Press, 1983

Sagan, C., »Game — The prehistoric origin of sport«, *Parade*, 13. September 1987

Shapiro, H. (Hrsg.), *Man, Culture and Society*. New York: Oxford University Press, 1960

Sudjic, D., *Cult Objects*. London: Paladin, 1985

Sweeny, J., »Disarray among the masons«, *New Society*, 28. März 1986

Thompson, H., *Hell's Angels*. New York: Random House, 1966

Tiger, L., *Men in Groups*. London: Thomas Nelson, 1969

Tiger, L. und Fox, R., *The Imperial Animal*. London: Secker and Warburg, 1972

Topouzis, D., »The men with many wives«, *New Society*, 4. Oktober 1985

Van den Berghe, P. (Hrsg.), *Africa: Social Problems of Change and Conflict*. San Francisco: Chandler, 1964

Van Gennep, A., *The Rites of Passage*. Chicago: The University of Chicago Press, 1960

Willis, P., *Profane Culture*. London: Routledge and Kegan Paul, 1978

York, P., *Style Wars*. London: Sidgwick and Jackson, 1983

York, P., *Modern Times*. London: Heinemann, 1986

Young, F. W., *Initiation Ceremonies: A Cross-Cultural Study of Status Dramatization*. Indianapolis: Bobbs-Merrill, 1965

Zurcher, L. A. und Meadow, A., »On bullfights and baseball: An example of interaction of social institutions«, *International Journal of Comparative Sociology*, 8, S. 99—117, 1967

INDEX

(*Kursive* Seitenzahlen verweisen auf Bildunterschriften)

DANKSAGUNG

Mein Dank gilt ganz besonders Francesca Kenny für ihre Hintergrund-Recherchen und ihre stets freundliche Hilfsbereitschaft überhaupt, außerdem Desmond Morris, dem Stammes-Ältesten, für seinen unversieglichen Strom guter Einfälle.

BILDNACHWEIS